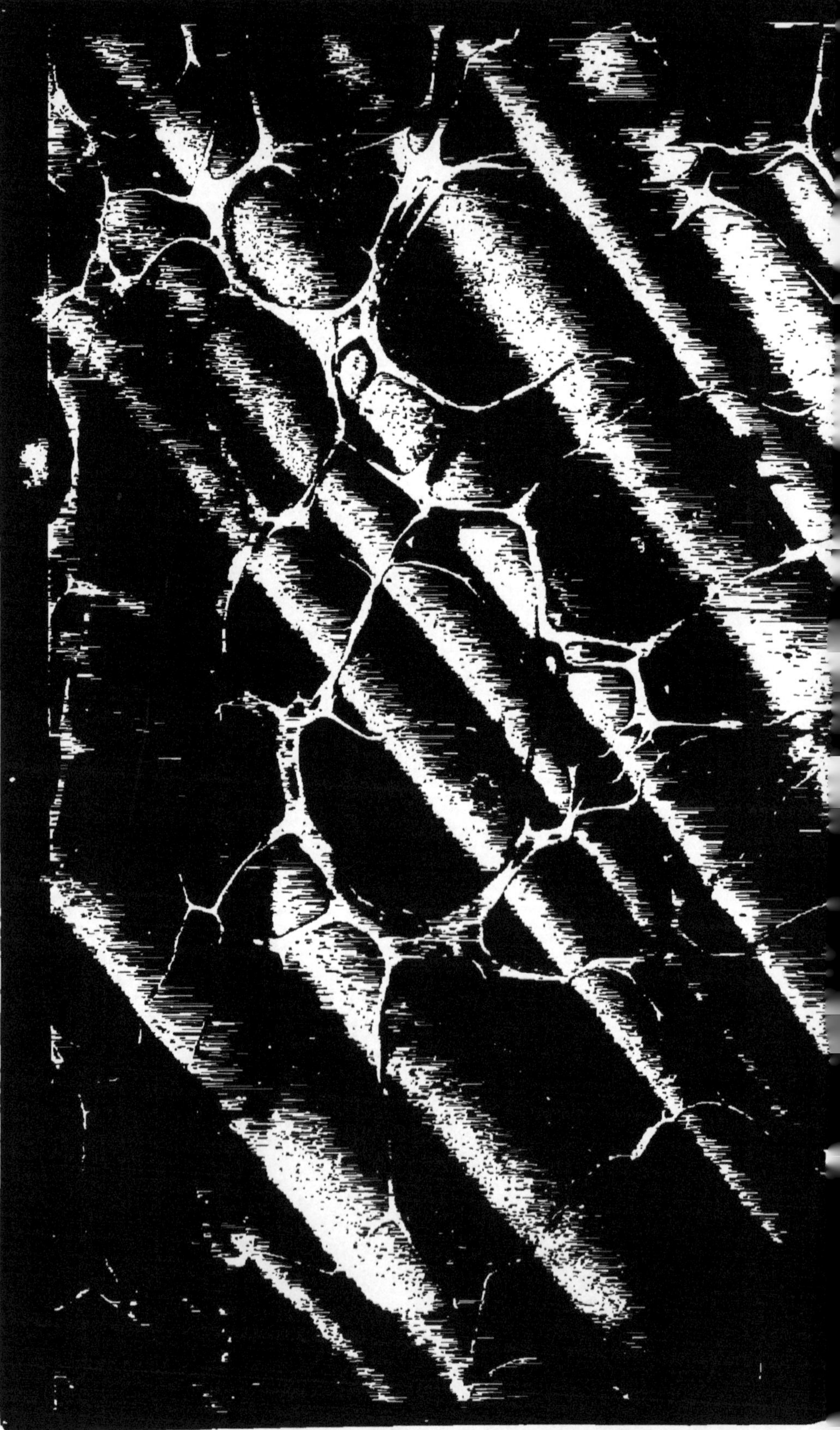

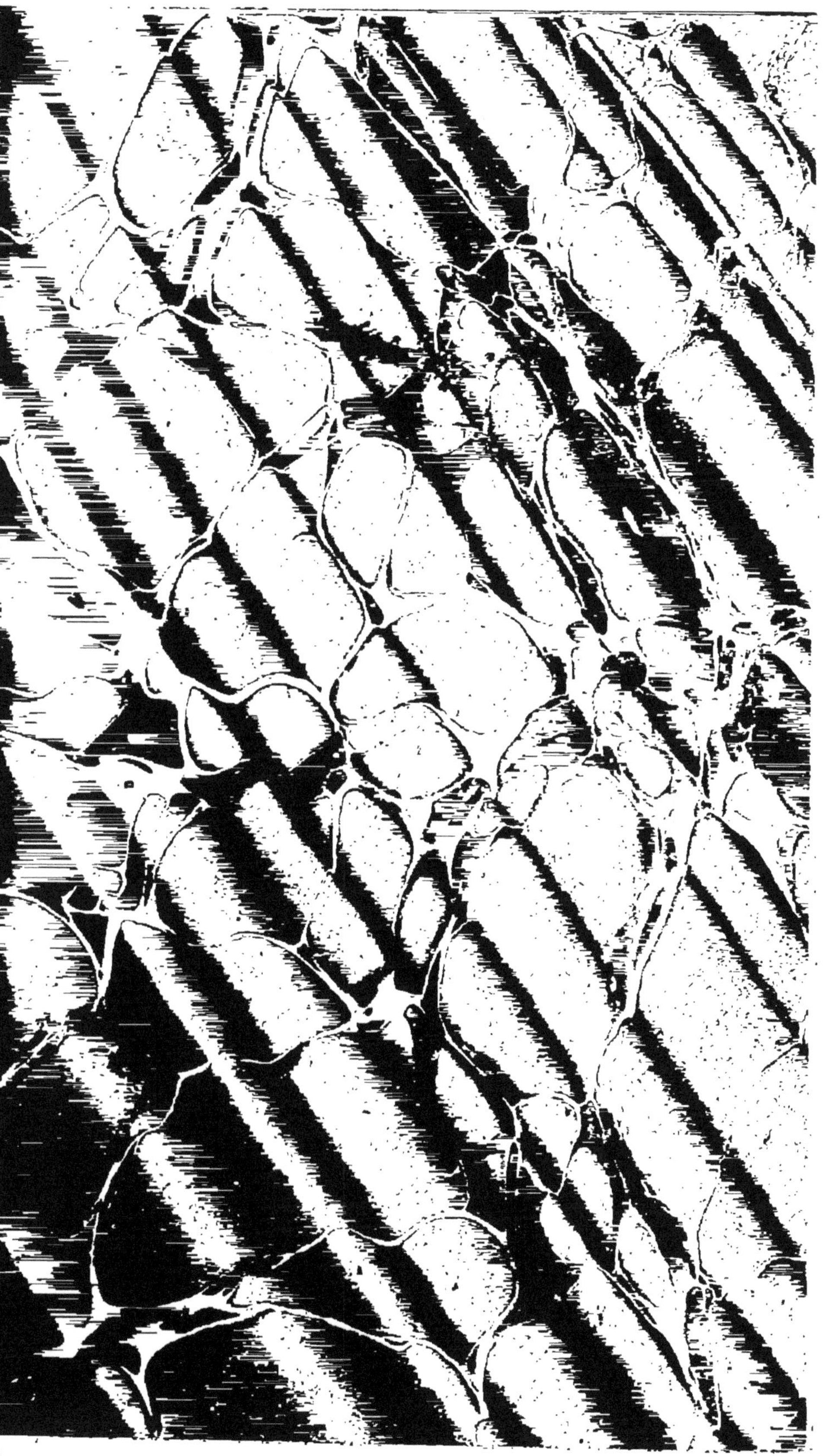

13706

HISTOIRE

ANCIENNE

DE

ROLLIN.

7.

LAGNY. — Imprimerie d'A. Le Boyer et Cie.

HISTOIRE
ANCIENNE
DE
ROLLIN.

NOUVELLE ÉDITION,

ENRICHIE D'UNE NOTICE SUR ROLLIN.

TOME SEPTIÈME.

PARIS,

CHEZ PHILIPPE, LIBRAIRE,

RUE FURSTEMBERG, Nº 8.

———

1835.

HISTOIRE ANCIENNE
DES ÉGYPTIENS,
DES CARTHAGINOIS, DES ASSYRIENS, DES BABYLONIENS,
DES MÈDES ET DES PERSES.
DES MACÉDONIENS ET DES GRECS.

Suite de la seconde Guerre de Messénie.

ON députa donc vers les Athéniens. Cette démarche les embarrassa. Ils n'étaient pas fâches de voir ceux de Lacédémone aux mains avec leurs voisins, et n'avaient pas envie de leur fournir un bon général : d'un autre côté, ils craignaient aussi de désobéir au dieu. Pour se tirer d'embarras, ils leur présentèrent Tyrtée. Il était poète de profession, avait quelque chose d'original dans l'esprit, et de choquant dans le corps, car il était boiteux. Malgré ces défauts, les Lacédémoniens le reçurent comme un chef que le ciel même leur envoyait. Le succès ne répondit pas d'abord à leur attente. Ils furent battus trois fois consécutivement.

Les rois de Sparte, abattus par tant de défaites, et n'espérant pas un meilleur

1.

succès pour l'avenir, voulaient absolument retourner à Sparte, et y ramener les troupes. Tyrtée s'opposa fortement à ce dessein, et les fit revenir à son avis. Il parla aux troupes, et prononça des vers qu'il avait préparés dans cette vue, et travaillés avec un soin extrême. Il les consolait de leurs pertes passées, qu'il attribuait non à aucune faute de leur part, mais à un malheur et à destin que nulle sagesse humaine ne peut surmonter. Il leur représentait la honte qu'il y aurait pour des Spartiates à fuir devant l'ennemi, et combien il leur serait glorieux de périr même, s'il le fallait, les armes à la main, en combattant pour la patrie. Comme si tout danger fût disparu, et que les dieux, pleinement satisfaits et apaisés par les défaites précédentes, se fussent tournés entièrement de leur côté, il leur faisait envisager la victoire comme certaine et comme déja présente, et comme si elle-même les invitait au combat. Tous les anciens qui ont parlé du caractère de la poésie de Tyrtée remarquent qu'elle était pleine d'un feu, d'une ardeur, d'un enthousiasme qui enflammait les esprits, qui les élevait au-dessus d'eux-

mêmes *, qui leur inspirait je ne sais quoi
de généreux et de martial, qui étouffait
en eux tout sentiment de crainte des dangers ou de la mort, et qui les rendait uniquement attentifs au salut de la patrie et
à leur propre gloire.

Ce fut véritablement l'effet que les vers
de Tyrtée produisirent dans cette occasion
sur les soldats. Ils demandèrent tous d'une
commune voix qu'on les conduisît contre
l'ennemi. Devenus indifférens pour la vie,
ils ne songeaient qu'à s'assurer l'honneur
de la sépulture. Ils attachèrent tous à leur
bras droit des bandelettes où ils avaient
inscrit leur nom et celui de leurs pères,
afin que, s'ils périssaient dans le combat,
et que les traits de leurs visages vinssent à
se confondre par la longueur du temps, on
pût certainement les connaître à ces marques. Des soldats déterminés à mourir sont
bien forts : cela parut dans la bataille qui
se donna. Elle fut très sanglante, et la victoire long-temps disputée; mais enfin les
Messéniens cédèrent. Quand Tyrtée, dans

* Tyrtæusque mares animos in Martia bello
Versibus exacuit.

(HORAT. in art. poet. , v. 402.)

la suite, passa à Sparte, il y fut reçu avec des grandes marques de distinction, agrégé au nombre des citoyens.

Le gain de cette bataille ne termina pas la guerre : elle avait déja duré trois ans. Aristomène ayant ramassé les débris de son armée, se retira sur une montagne qui était d'un difficile accès, appelée Ira. Les vainqueurs avaient compté l'emporter d'emblée; mais il s'y défendit pendant onze ans, et y fit des actions de bravoure extraordinaires. Ce ne fut même que par surprise et par trahison qu'il fut obligé d'en sortir, après avoir combattu comme un lion. Ceux des Messéniens qui tombèrent entre les mains des Lacedémoniens furent réduits au sort et à l'état des Ilotes : mais les autres, voyant leur patrie ruinée, allèrent s'établir à Zancle, ville de Sicile, qui depuis fut appelée de leur nom Messane, et elle est encore aujourd'hui nommée Messine. Aristomène, après avoir conduit une de ses filles à Rhodes, dont le tyran l'avait épousée, songeait à passer ou à Sardes, chez Ardys, roi des Lydiens, ou à Ecbatane, chez Phraorte, roi des Mèdes. Mais la mort le prévint.

La seconde guerre des Messéniens avait duré quatorze ans. Elle finit la première année de la 27ᵉ olympiade. (Av. J. – C. 670.)

Il y en eut encore une troisième, qui commença du temps et à l'occasion d'un grand tremblement de terre arrivé à Sparte. Il en sera parlé dans la suite.

LIVRE SIXIÈME.

HISTOIRE DES PERSES ET DES GRECS.

Ce livre comprend l'histoire des Perses et des Grecs sous le règne de Darius I et de Xerxès I, pendant l'espace de quarante-huit ans, depuis l'an du monde 3483 jusqu'à l'an 3531. Ces deux princes commencèrent à former des entreprises et des expéditions contre la Grèce, qui ne fut jamais plus féconde en grands hommes ni en grands évènemens, et qui ne fit jamais éclater de plus grandes ni de plus solides vertus. On y verra les célèbres journées de Marathon, des Thermopyles, d'Artémise, de Salamine, de Platée, de Mycale, etc. Les plus grands capitaines de la Grèce y signaleront leur courage : Miltiade, Léonide, Thémistocle, Aristide, etc.

CHAPITRE PREMIER.

HISTOIRE DE DARIUS JOINTE A CELLE DES GRECS.

DARIUS s'appelait auparavant Ochus. Il prit le nom de Darius, qui, selon Hérodote, signifie en langue persane un vengeur, un homme qui s'oppose aux entreprises de quelqu'un, peut-être parce qu'il avait arrêté et puni l'insolence du mage. Il régna trente-six ans.

§ I. Avant que Darius fût nommé roi, il avait épousé une fille de Gobryas, dont le nom n'est point connu. Artabazane, l'aîné des trois fils qu'il en eut, est celui qui dans la suite disputera l'empire à Xerxès.

(Av. J.-C. 521.) Quand Darius fut monté sur le trône, il épousa, pour s'y affermir davantage, deux filles de Cyrus, Atosse et Artystone. La première avait été d'abord femme de Cambyse, son propre frère, et ensuite du mage Smerdis, tandis qu'il occupa le trône. Artystone était encore fille lorsqu'il l'épousa, et ce fut de toutes ses femmes celle qu'il aima le plus. Il épousa aussi Parmys, fille du véritable Smerdis, frère de Cambyse, et Phédyme, fille d'Otane, par l'adresse de laquelle l'imposture du mage avait été découverte. Il eut de ces femmes un grand nombre d'enfans de l'un et de l'autre sexe.

On a vu que les sept conjurés qui avaient fait mourir le mage étaient convenus que celui d'entre eux dont le cheval, en un certain jour marqué, hennirait le premier au lever du soleil, serait déclaré roi ; et que celui de Darius, par l'industrie et l'ingénieuse précaution de son écuyer, lui avait procuré un tel honneur. Il voulut transmettre aux siècles futurs sa reconnaissance pour cet insigne bienfait, et se fit ériger une statue équestre avec cette inscription : DARIUS, FILS D'HYSTASPE, A ACQUIS LE ROYAUME DE PERSE PAR LE MOYEN DE SON CHEVAL (le nom en était marqué)

ET D'OEBARÈS, SON ECUYER. Il a dans cette inscription où l'on ne rougit point de devoir à un cheval et à un écuyer un bienfait tel que la royauté, que l'on aurait, ce semble, intérêt de faire regarder comme le fruit d'un mérite extraordinaire; il y a, dis-je, dans cette inscription une simplicité et une sincérité qui ressentent tout-à-fait le caractère des temps anciens, et qui est fort éloignée du faste des nôtres.

Un des premiers soins de Darius, quand il se vit établi sur le trône, fut de régler l'état des provinces, et de mettre de l'ordre dans ses finances. Avant lui, Cyrus et Cambyse se contentaient de recevoir des peuples conquis des dons gratuits qu'on semblait offrir volontairement, et d'exiger d'eux certain nombre de troupes dans le besoin. Darius comprit qu'il ne lui était pas possible de maintenir dans la paix et et dans la sûreté toutes les nations qui lui étaient soumises, sans avoir sur pied des troupes réglées, ni d'entretenir ces troupes sans les soudoyer ni de payer exactement cette solde sans mettre des impositions sur les peuples.

Pour mettre donc plus d'ordre dans

l'administration de ses finances, il divisa tout l'empire en vingt départemens ou gouvernemens, dont chacun devait payer tous les ans une certaine somme au satrape commis pour cet effet. Les sujets naturels, c'est-à-dire les Perses, étaient exempts de toute imposition. Hérodote fait un dénombrement exact de ces provinces, qui peut beaucoup servir pour connaître l'étendue de l'empire des Perses.

Voici à peu près l'idée que l'on s'en peut former. Ils possédaient en Asie tout ce qu'y possèdent aujourd'hui les Perses et les Turcs; en Afrique, l'Egypte, et partie de la Nubie, et de plus les côtes de la Méditerranée jusqu'au royaume de Barca; en Europe, partie de la Thrace, et la Macédoine. Mais il est bon de remarquer que dans cette vaste étendue de pays il y avait plusieurs peuples qui étaient plutôt tributaires que sujets : ce qui a lieu aussi maintenant par rapport à l'empire des Turcs.

L'histoire observe que Darius, en imposant ces tributs, montra une grande sagesse et une grande modération. Il fit venir les principaux de chaque province, qui en pouvaient le mieux connaître le

fort et le faible, et qui avaient intérêt de
parler avec sincérité. Il leur demanda si
une certaine somme, qu'il proposait à
chacun d'eux pour leurs provinces, ne
montait point trop haut, et n'excédait point
leurs forces; son intention, leur disait-il,
n'étant pas d'accabler ses sujets, mais de
tirer d'eux des secours proportionnés à
leurs revenus, et qui étaient absolument
nécessaires pour la défense de l'état. Ils ré-
pondirent tous que cette somme leur paraissait fort raisonnable, et qu'elle ne serait
point à charge aux peuples. Il en rabattit
pourtant encore la moitié, aimant mieux
demeurer beaucoup en-deçà des justes
bornes que de s'exposer peut-être à passer
au-delà.

Malgré une si étonnante modération,
comme les impôts ont toujours quelque
chose d'odieux, les Perses qui avaient donné
à Cyrus le surnom de père, à Cambyse
celui de maître, n'en trouvèrent point
d'autre pour caractériser Darius que celui
de marchand.

Les sommes que Darius tirait par l'imposition des tributs montaient à peu près,
autant qu'on peut le conjecturer par le
calcul d'Hérodote, qui souffre de gran-

des difficultés, à quarante-quatre millions.

Après la mort du mage, on était convenu que les seigneurs persans qui avaient
conspiré contre lui, outre plusieurs autres
marques de distinction, auraient les en-
trées libres chez le roi en tout temps, excepté lorsqu'il serait seul avec la reine. Intapherne, l'un de ces seigneurs, à qui l'on
avait refusé pour cette raison de l'admettre
dans l'appartement du prince, transporté
de colère contre les officiers du palais, les
maltraita d'une manière étrange, leur
ayant balafré tout le visage à coups de
sabre. Darius sentit vivement une telle injure. Il craignit d'abord que ce ne fût un
complot entre les seigneurs. Mais ayant été
assuré du contraire, il fit arrêter Iutapher-
ne avec ses enfans, et tous ceux de sa famille, et les fit condamner à mort, con-
fondant, par un excès aveugle de sévérité,
les innocens avec le coupable. La femme
du criminel venait tous les jours aux portes du palais, se lamentant, versant des
larmes en abondance, jetant des cris, pous-
sant des sanglots, et ne cessant d'implorer
la clémence du roi. Il ne put résister à un

spectacle si touchant, et lui accorda la grace de celui de sa famille qu'elle lui désignerait. Ce fut un grand embarras pour cette femme infortunée, qui aurait souhaité les pouvoir tous sauver. Enfin, après une longue délibération, elle se détermina en faveur de son frère. Ce choix, où il paraissait qu'on avait peu consulté les sentimens que la nature doit inspirer à une mère et à une femme, étonna le roi; et comme il lui en fit demander la raison, elle répondit qu'un second mariage pouvait lui procurer un mari et des enfans, mais que, son père et sa mère étant morts, elle ne pouvait pas recouvrer un frère. Darius, outre son frère, lui accorda l'aîné de ses enfans.

J'ai marqué plus haut par quelle perfidie Orétès, l'un des gouverneurs de l'Asie mineure pour le roi, avait fait mourir Polycrate, tyran de Samos. Un crime si noir et si détestable ne demeura pas impuni. Darius apprit que ce satrape abusait d'une manière étrange de son autorité, et qu'il ne comptait pour rien le sang de ceux qui avaient le malheur de lui déplaire. Orétès porta l'insolence jusqu'à faire mourir un courrier que le roi lui avait envoyé, parce que l'ordre dont il était chargé lui était désagréable [Darius, qui ne se croyait pas encore bien affermi sur le trône, n'osa pas l'attaquer ouvertement. Ce satrape n'avait pas moins de mille soldats armés pour sa garde, sans compter les secours qu'il pouvait tirer de son gouvernement, qui comprenait la Phrygie, la Lydie et l'Ionie. Il s'y prit donc d'une manière sourde et cachée pour se défaire d'un ennemi si dangereux. Il chargea de l'exécution de cet ordre l'un de ses officiers les plus fidèles et les plus affectionnés à sa personne. Cet officier, sous un autre prétexte, se rendit à Sardes. Il pressentit habilement les esprits. Il commença par présenter aux principaux officiers de la garde des lettres du roi qui ne renfermaient que des ordres généraux. Bientôt après il en produisit de secondes qui étaient plus précises; et quand il se fut parfaitement assuré de la disposition des troupes, il leur fit la lecture d'une dernière lettre par laquelle le roi leur ordonnait de mettre à mort le satrape, et cet ordre fut exécuté sur-le-champ. Tous ses biens furent confisqués au profit du trésor

2.

royal, et tous ceux qui se trouvèrent dans sa maison furent transportés à Suse. De ce nombre était un célèbre médecin de Crotone, nommé Démocède. L'histoire de ce médecin est fort singulière, et elle donna lieu à de grands évènemens.

Il arriva, quelque temps après, que Darius étant tombé de son cheval à la chasse, se donna une violente entorse au pied, et que son talon se déboîta. Les Egyptiens passaient alors pour les plus habiles dans la médecine, et le roi en avait plusiéurs auprès de lui *. Ils entreprirent de le traiter, et déployèrent tout leur art dans une occasion si importante ; mais ils s'y prirent si maladroitement et si durement en lui maniant le pied, qu'ils lui causèrent des douleurs incroyables ; et il fut sept jours et sept nuits sans dormir. Quelqu'un pour lors indiqua Démocède, dont il avait entendu parler à Sardes comme d'un médecin très habile. Il était actuellement en prison. On le fit venir sur-le-champ dans l'état où on le trouva, c'est-à-dire avec ses chaînes, et avec un habit fort malpropre.

* Anciennement les mêmes exerçaient la médecine et la chirurgie.

Le roi lui demanda s'il avait quelque connaissance de la médecine. Il le nia d'abord par la crainte qu'il avait que, s'il faisait preuve de son art, on ne le retînt en Perse, et qu'il ne fût privé pour toujours de la vue de sa patrie, pour laquelle il avait une extrême passion. Darius, mécontent de sa réponse, ordonna qu'on le mît à la question. Il fallut avouer la vérité. Voilà donc Démocède reconnu pour médecin. Il commence par appliquer des fomentations douces sur la partie malade. L'effet du remède fut prompt; le sommeil revint au roi, et en peu de jours il fut parfaitement guéri, et le talon fut remis à sa place. Darius lui fit présent de deux paires de chaînes d'or. Démocède lui demanda s'il prétendait le bien récompenser de l'heureux succès de sa cure en doublant son mal. Ce mot fit rire le roi : il le fit conduire par les eunuques chez ses femmes, pour leur montrer celui à qui il était redevable de sa santé. Elles le comblèrent toutes de présens magnifiques, et ce jour seul l'enrichit extrêmement.

Ce Démocède était de Crotone, ville de la grande Grèce en Italie, dans la Calabre ultérieure, d'où les mauvais traitemens de son père l'avaient obligé de sortir. Il avait passé * en Egine, où il commença à se faire connaître par plusieurs cures fort heureuses : les habitans lui assurèrent par an un talent : le talent avait soixante mines et revenait à trois mille livres de notre monnnaie **. Quelque temps après il fut appelé à Athènes, où l'on fit monter ses appointemens à cinq mille livres par an ***. Enfin il s'établit chez Polycrate, tyran de Samos, qui lui donna deux mille écus ****. Il est honorable aux villes et aux princes de s'attacher, par des établissemens honnètes et par des pensions considérables, des personnes utiles au public, en les attirant même des pays étrangers. Les Crotoniates, depuis ce temps-là, passèrent pour les plus habiles des médecins, et après eux ceux de Cyrène dans l'Afrique. Les Argiens, dans le même temps, avaient la réputation d'exceller dans la musique.

Démocède, depuis la guérison du roi, devint fort puissant à Suse, et il avait l'hon-

---

* Ile entre le Péloponèse et l'Attique.

** 5,500 francs.

*** Cent mines. Environ 9,000 francs.

**** Deux talens 11,000 francs.

neur de manger à sa table. Il obtint la
grace des médecins d'Egypte, qui avaient
tous été condamnés à être pendus, pour
avoir été moins habiles que le médecin de
Grèce, comme s'ils eussent été tenus de
répondre du succès, et que ce fût un crime
de ne pouvoir guérir un prince : étrange
abus et effet assez ordinaire d'une puissance sans bornes, qui n'est point conduite
par la raison ni par l'équité, qui est accou-
tumée à voir tout plier sous ses ordres, et
qui prétend que ses volontés, quelles
qu'elles soient, ne doivent jamais rester
sans exécution ! On a vu quelque chose de
pareil dans l'histoire de Nabuchodonosor,
qui prononça un arrêt de mort générale-
ment contre tous les mages, parce qu'ils
n'avaient pu deviner le songe qu'il avait
eu pendant la nuit et qu'il avait lui-même
oublié. Démocède tira aussi de la prison
plusieurs de ceux qu'on y avait mis avec
lui. Il était dans une abondance univer-
selle et avait un crédit extrême auprès
du roi ; mais il était éloigné de sa patrie,
et il tournait sans cesse ses regards et ses
desirs vers la Grèce.

Une autre cure contribua encore beaucoup à augmenter la réputation et le crédit

de Démocède. Atosse, fille de Cyrus et l'une des femmes du roi, fut attaquée d'un cancer au sein. Tant que la douleur fut médiocre, elle la supporta avec patience, ne pouvant se résoudre, par pudeur, à découvrir son mal. Mais enfin elle y fut forcée ; elle fit venir Démocède, qui lui promit de la guérir, et la pria en même temps de vouloir bien de son côté lui promettre de lui accorder une grace qu'il lui demanderait, laquelle ne préjudicierait en rien à son honneur : elle s'y engagea et fut guérie. Cette grace était de lui procurer un voyage dans sa patrie. La reine n'oublia pas sa promesse. Il n'est pas inutile de se rendre attentif à ces sortes d'événemens , peu considérables en eux-mêmes, mais qui souvent donnent occasion aux plus grandes entreprises des princes, et qui en sont le mobile secret et la cause éloignée.

Un jour qu'Atosse s'entretenait avec Darius, elle lui représenta qu'étant à la fleur de l'âge, d'une complexion forte et capable de soutenir les fatigues de la guerre, et ayant à sa disposition des armées nombreuses, il était de son honneur de former quelque grand projet et de

montrer aux Perses qu'ils avaient pour roi
un homme de courage. Vous avez deviné
ma pensée, répliqua Darius, et je roulais
dans mon esprit le dessein d'aller attaquer
les Scythes. J'aimerais bien mieux, dit
Atosse, que vous tournassiez vos vues du
côté de la Grèce. J'entends fort parler des
femmes de Lacédémone, d'Argos, d'A-
thènes, de Corinthe; je souhaiterais fort
en avoir une pour me servir. D'ailleurs
vous avez un homme qui pourrait vous
être d'un grand secours dans cette entreprise et vous donner une parfaite connaissance du pays: c'est Démocède, qui nous
a guéris vous et moi. Il n'en fallut pas
davantage; l'affaire fut conclue sur-le-
champ. Le roi chargea quinze des principaux des Perses de suivre Démocède en
Grèce, et d'en examiner avec lui, le plus
exactement qu'il leur serait possible, les
places maritimes; et il leur recommanda
surtout de ne point perdre de vue ce médecin, de peur qu'il ne s'échappât, et de le
ramener avec eux.

Ce prince, en donnant un tel ordre,
faisait voir qu'il ignorait comment il fallait
s'y prendre pour attirer dans ses états et

pour arrêter auprès de sa personne des gens d'esprit et de mérite. Prétendre employer pour cela l'autorité et la contrainte, c'est un moyen sûr d'étouffer dans un royaume toute industrie et d'en écarter les beaux-arts, qui sont libres comme l'esprit dont ils partent. Pour un homme habile qu'on retient de force, on en éloigne des milliers, que la liberté et les bons traitemens auraient attirés.

Quand Darius eut formé le dessein d'envoyer en Grèce, il fit venir Démocède. Il lui exposa ses vues et le besoin qu'il avait qu'il conduisît les seigneurs persans dans la Grèce, et principalement dans les villes maritimes, pour en connaître la situation et les forces, et le pria instamment, quand cela serait fait, de revenir avec eux. Il lui permit d'emporter avec lui tous ses meubles pour les donner à son père et à ses frères, lui promettant de lui en rendre à son retour de plus magnifiques ; et il ajouta qu'il ferait charger la galère dans laquelle il partirait des présens les plus précieux pour en faire part à sa famille. L'intention du roi, en parlant ainsi, paraissait simple et sans artifice :

mais Démocède craignit que ce ne fût un piège qu'il lui tendît pour connaître s'il avait dessein de revenir ou non ; et, pour écarter tout soupçon, il laissa ses meubles à Suse, et accepta seulement les présens qui étaient destinés pour ses frères.

Les députés arrivèrent d'abord à Sidon en Phénicie, où ils équipèrent deux grands vaisseaux, et transportèrent dans un vaisseau de charge tout ce qu'ils avaient apporté. Après avoir parcouru et examiné avec soin les principales villes de la Grèce, ils passèrent à Tarente en Italie. Les seigneurs persans y furent arrêtés comme espions : Démocède, profitant de ce moment, leur échappa et s'enfuit à Crotone. Les Persans, ayant recouvré leur liberté, l'y poursuivirent : mais ils ne purent persuader aux Crotoniates de leur livrer leur concitoyen. Ceux-ci se saisirent même du vaisseau de charge ; et les députés, n'ayant plus leur guide, ne songèrent pas davantage à parcourir le reste de la Grèce, et prirent la route de leur pays. Démocède leur fit dire, à leur départ, qu'il épousait la fille de Milon, célèbre athlète de Crotone, dont le nom était fort connu du roi, et dont il sera parlé dans la suite. Le voyage des seigneurs persans en Grèce n'eut pas d'autre suite alors, parce qu'à leur retour ils trouvèrent le roi occupé d'autres soins.

La troisième année du règne de ce prince, qui n'était que la seconde selon le calcul des Juifs, les Samaritains suscitèrent de nouvelles affaires aux Juifs. Ils avaient obtenu contre eux, sous les règnes précédens, et leur avaient fait signifier une défense de passer outre à la construction du temple de Jérusalem. Mais, sur les vives exhortations des prophètes, et sur l'ordre exprès de Dieu, les Israélites avaient depuis peu recommencé l'ouvrage interrompu pendant plusieurs années, et le poussaient avec beaucoup d'ardeur. Les Samaritains eurent recours à leurs anciennes intrigues pour y mettre obstacle. Ils s'adressèrent à Tatanaï, à qui Darius avait donné le gouvernement des provinces de Syrie et de Palestine. Ils se plaignirent à lui de l'audace des Juifs qui, de leur propre autorité, et malgré les défenses qui leur en avaient été faites, relevaient le temple ; ce qui ne pouvait qu'être préjudi-

ciable aux intérêts du roi. Sur leurs plaintes, ce gouverneur se rendit à Jérusalem.
Comme il était modéré et équitable, après
qu'il eut pris connaissance de l'ouvrage, il
ne crut pas devoir l'arrêter brusquement
et avec violence, et il s'informa des anciens
des Juifs qui leur avait permis de l'entreprendre. Les Juifs lui ayant produit l'édit
de Cyrus, il ne voulut rien ordonner de lui-
même qui y fût contraire : mais il en écrivit
au roi, pour savoir quelle serait sa volonté
sur ce sujet. Il lui exposa le fait de bonne
foi : il lui marqua que les Juifs alléguaient
en leur faveur l'édit de Cyrus, et le pria
d'ordonner qu'on consultât les registres
pour savoir si en effet Cyrus avait donné
un tel édit, et qu'il lui plût lui prescrire
ce qu'il avait à faire dans cette rencontre.
Darius ayant fait faire cette recherche,
l'édit fut trouvé à Ecbatane dans la Médie,
où Cyrus était lorsqu'il le donna. Comme
il était plein de respect pour la mémoire
de ce prince, il le confirma, et en fit dres-
ser un où celui de Cyrus était rappelé. Ce
motif, quand il aurait été seul, serait fort
louable ; mais l'Écriture nous apprend que
ce fut Dieu lui-même qui agit sur l'esprit

et le cœur du roi, et qui le rendit favorable aux Juifs : la teneur de l'édit le fait assez connaître. Premièrement il ordonne qu'on fournisse abondamment toutes les victimes, les oblations, et les autres dépenses du temple selon que les prêtres le demanderont. En second lieu, il exige que les prêtres de Jérusalem, en offrant ces sacrifices au Dieu du ciel, prient pour la conservation de la vie du roi et des princes ses enfans. Enfin il va jusqu'à faire des imprécations contre les rois et les peuples qui troubleront le travail du bâtiment du temple, ou qui entreprendront de le détruire : par où il reconnaît clairement que le Dieu d'Israël est le maître de renverser les royaumes de la terre et de détrôner les plus grands rois.

En vertu de cet édit, non-seulement ce peuple fut autorisé à poursuivre le bâtiment du temple, mais encore les frais lui en furent fournis des impôts de la province. Que seraient devenus les Juifs, accusées de désobéissance et de révolte, si dans cette occasion on n'avait écouté que leurs ennemis, et qu'on ne leur eût point donné lieu de se justifier ?

Le même prince, quelque temps après, donna une preuve bien plus éclatante de son amour pour la justice, et de l'horreur qu'il avait des délateurs, ces hommes détestables, ennemis par état de tout mérite et de toute vertu. On sent bien que je veux parler du célèbre édit qu'il publia contre Aman, en faveur des Juifs, à la solicitation d'Esther, qui avait été substituée à Vasthi, épouse du roi Selon Ussérius, cette Vasthi est la même que celle qui est appelée Atosse par les historiens profanes, et l'Assuérus de l'Écriture sainte, le même que Darius. D'autres croient que c'est Artaxerce. Le fait est connu de tout le monde, et appartient à l'histoire sacrée : je l'ai rapporté ailleurs en abrégé.

Ces actions de justiee rendent la mémoire d'un prince respectable. Darius fit paraître de la reconnaissance dans une occasion qui lui fait aussi beaucoup d'honneur. Syloson, frère de Polycrate, tyran de Samos, avait fait autrefois présent à Darius d'un habit de couleur rouge, dont il témoignait beaucoup d'envie, et n'avait jamais voulu en recevoir le prix. Darius était pour lors simple particulier, officier dans les gardes de Cambyse, qu'il avait suivi à Memphis en Egypte. Quand il fut monté sur le trône, Syloson alla à Suse, se présenta à la porte du palais, et se fit annoncer comme un Grec à qui le roi avait obligation. Darius, surpris de cette annonce et curieux d'en approfondir la vérité, le fit entrer. Il reconnut en effet que c'était son bienfaiteur, et loin de rougir d'une aventure qui paraissait ne lui être pas fort honorable, il loua avec admiration une générosité qui n'avait eu d'autre motif que celui de faire plaisir à un homme de qui il n'avait rien à attendre, et lui promit de lui donner beaucoup d'or et d'argent. Ce n'était point ce que Syloson desirait : l'amour de la patrie était sa passion. Il demanda au roi de vouloir l'y rétablir, mais sans repandre le sang des citoyens, et en chassent seulement de Samos celui qui en avait usurpé la domination depuis la mort de son frère. Darius chargea de cette expédition Otane, l'un des premiers seigneurs de sa cour, qui s'en acquitta avec joie et avec succès.

§ II. (Av. J.-C. 516.) Au commencement de la cinquième année de Darius arriva la

révolte de Babylone, dont la réduction lui
coûta vingt mois de siège. Cette ville, autrefois la maîtresse de l'Orient, ne pouvait
supporter le joug des Perses, surtout depuis que le siège de l'empire avait été trans-
féré à Suse, ce qui lui en avait fait beaucoup perdre de sa grandeur et de son opu-
lence. Les Babyloniens, profitant de la
révolution qui arriva en Perse, premièrement à la mort de Cambyse, et ensuite
après le massacre des mages, firent secrètement pendant quatre ans toute sorte de
préparatifs de guerre. Lorsqu'ils crurent
leur ville suffisamment pourvue de provisions pour plusieurs années, ils levèrent
l'étendard de la rébellion; ce qui obligea
Darius à les assiéger avec toutes ses forces.
Dieu continuait d'accomplir les terribles
menaces qu'il avait faites contre Babylone,
qui consistaient, non-seulement à dégra-
der et à humilier cette ville superbe et impie, mais à la dépeupler, à la mettre à
feu et à sang, à l'exterminer, à la réduire
en une solitude éternelle. Pour accomplir
ces prédictions, Dieu permit que les Babyloniens se révoltassent contre Darius, et
attirassent contre eux toutes les forces de

l'empire : et ils furent les premiers à mettre ces prophéties à exécution, en égorgeant eux-mêmes une partie des habitans, comme on le verra dans un moment. Il y a apparence que les Juifs, qui étaient restés à Babylone en assez grand nombre, en sortitirent avant que le siège en fût formé, comme Isaïe et Jérémie, long-temps auparavant, et Zacharie tout récemment, les y avaient exhortés. Voici les paroles du dernier : Sion, qui demeures avec la fille de Babylone, sauve-toi, et fuis du pays.

Les Babyloniens, pour faire durer plus long-temps les provisions, et soutenir plus vigoureusement le siège, prirent la résolution la plus désespérée et la plus barbare dont on eut jamais ouï parler : ce fut d'exterminer toutes les bouches inutiles. Ils rassemblèrent donc toutes les femmes et tous les enfans, et les étranglèrent. Tout ce qui ne pouvait servir à la guerre fut mis à mort. Il fut seulement permis à chaque homme de conserver celle de ses femmes qu'il aimait le plus, et une servante pour faire l'ouvrage de la maison.

Après cette cruelle exécution, ces malheureux habitans se croyant entièrement en sûreté, et par leurs fortifications qui paraissent imprenables, et par l'abondance des vivres qu'ils avaient amassées, insultaient du haut des murs aux assiégeans, et les accablaient d'injures. Les Perses, pendant dix-huit mois, mirent en usage tout ce que la ruse et la force peuvent dans les sièges, et n'oublièrent pas le moyen qui avait si heureusement réussi à Cyrus quelques années auparavant; c'était de détourner le cours du fleuve. Tous leurs efforts furent inutiles, et Darius commençait presque à désespérer de pouvoir se rendre maître de la place, lorsqu'un stratagème, inouï jusque là, lui en ouvrit les portes. Il fut fort surpris un jour de voir arriver devant lui Zopyre, l'un des plus grands seigneurs de sa cour, fils de Mégabyse, l'un des sept qui avaient conspiré contre les mages, de le voir, dis-je, tout couvert de sang, le nez et les oreilles coupés, et tout le corps déchiré de plaies. Se levant de son trône, il s'écria : Hé! qui a donc pu vous traiter ainsi? Vous-même, seigneur, reprit Zopyre. Le desir de vous rendre service m'a réduit en cet état. Persuadé que vous ne voudriez jamais y consentir, je n'ai pris conseil que de mon zèle. Il lui exposa ensuite le dessein qu'il avait de passer chez les ennemis, et convint avec lui de tout ce qu'il faudrait faire. Ce ne fut point sans une extrême douleur que le roi le vit partir. Zopyre s'approcha de la ville, et ayant dit qui il était, il y fut admis. On le conduisit chez le commandant. Là, il exposa son malheur, et la cruauté que Darius avait exercée à son égard parce qu'il lui conseillait de ne pas demeurer davantage devant une ville qu'il lui serait impossible de prendre. Il fit offre de ses services, qui pourraient n'être pas inutiles aux assiégés parce qu'il était instruit de tous les desseins des Perses, et que le desir de la vengeance lui inspirerait un nouveau courage et de nouvelles lumières. Le nom et le visage de Zopyre étaient fort connus à Babylone. L'état où il paraissait, son rang, ses plaies, faisaient foi pour lui, et attestaient par des preuves non suspectes la vérité de tout ce qu'il avançait. On se fia donc pleinement à lui, et on lui donna autant de troupes qu'il en demanda. Dans une première sortie, il fit périr mille hommes des assiégeans. Quelques jours après il en tua le double. Une troisième fois quatre mille demeurèrent sur la place. Tout cela se faisait de concert. Chez les Babyloniens on ne parlait que de Zopyre : c'était à qui l'exalterait le plus, et les termes manquant pour exprimer le cas qu'on en faisait, et le bonheur qu'on avait de posséder un si grand homme. Il fut déclaré généralissime des troupes, et on lui confia la garde des murailles. Darius ayant fait approcher son armée dans le temps et vers les portes dont on était convenu, il les lui ouvrit, et le rendit ainsi maître d'une ville qu'il n'aurait jamais pu prendre ni par assaut ni par famine.

Quelque puissant que fût ce prince, il se trouva hors d'état de pouvoir récompenser dignement un tel bienfait, et il répétait souvent qu'il aurait sacrifié de bon cœur cent Babylones, s'il les avait, pour épargner à Zopyre le cruel traitement qu'il s'était fait lui-même. Il lui laissa pendant sa vie le revenu entier de cette ville opulente dont lui seul l'avait rendu maître, et le combla de tous les honneurs qu'un roi peut accorder à un sujet. Mégabyse, qui commanda l'armée des Perses en Égypte

contre les Athéniens, était son fils; et Zopyre qui passait chez les Athéniens en qualité de transfuge, son petit-fils.

Dès que Darius se vit en possession de
Babylone, il fit enlever les cent portes, et
abattre les murailles de cette superbe ville,
pour la mettre hors d'état de pouvoir encore se révolter dans la suite. Il pouvait,
usant des droits de vainqueurs, exterminer
tous les citoyens; il se contenta d'en faire
pendre trois mille de ceux qui avaient eu
le plus de part à la révolte, et pardonna
à tout le reste. Et pour empêcher que la
ville ne fût bientôt sans habitans, il y envoya, de toutes les provinces de l'empire,
cinquante mille femmes, pour remplacer
celles dont ils s'étaient si cruellement dé-
faits au commencement du siège. Voilà
quel fut le sort de Babylone, et la manière
dont Dieu vengea sur cette ville impie le
cruel traitement qu'elle avait fait aux Juifs,
en attaquant sans raison un peuple libre;
en détruisant son gouvernement, ses lois,
son culte; en l'arrachant à sa patrie pour
le transporter dans un pays étranger; en le
chargeant des travaux les plus humilians
de la servitude, et employant tout son

pouvoir pour accabler un peuple malheureux, mais chéri de Dieu, et qui avait l'honneur d'en porter le nom.

§ III. (Av. J.-C. 514.) Après la réduction de Babylone, Darius s'appliqua à faire
de grands préparatifs de guerres contre les
Scythes, qui habitaient cette étendue de
pays qui est entre le Danube et le Tanaïs.
Le prétexte de cette guerre était de punir
ces peuples de l'invasion que leurs ancêtres avaient faite autrefois dans l'Asie :
prétexte également frivole et ridicule, qui
réveillait une vieille querelle, passée il y
avait environ six-vingts ans. Pendant cette
irruption, dont la durée fut assez longue,
les femmes des Scythes avaient épousé leurs
esclaves. Quand leurs maîtres voulurent
revenir dans leur pays, ces esclaves allèrent au-devant d'eux avec de nombreuses
troupes pour leur en disputer l'entrée, et
il donna quelques batailles où l'avantage
fut à peu près égal de part et d'autre.
Les Scythes, faisant réflexion que c'était
faire trop d'honneur à leurs esclaves que de
les traiter comme des soldats, marchèrent
contre eux le fouet à la main pour les faire
ressouvenir de leur condition. En effet, ils

ne purent soutenir cette vue, et prirent tous la fuite.

J'imiterai ici Hérodote, qui prend occasion de cette guerre pour décrire ce qui regarde les Scythes; mais j'abrégerai de beaucoup ce qu'il en dit.

Disgression sur les Scythes.

Il y avait anciennement des Scythes en Europe et en Asie, situés pour la plupart vers le septentrion. Il s'agit ici principalement des premiers, c'est-à-dire de ceux d'Europe.

Les historiens, dans les relations qu'ils nous ont laissées des mœurs et du caractère des Scythes, en disent des choses tout-à-fait opposées, et qui semblent absolument se contredire. D'un côté, ils les représentent comme les peuples du monde et les plus justes et les plus modérés : de l'autre, ils en font une nation féroce et barbare, qui porte la cruauté à des excès qui font horreur à la nature. Cette contrariété est une preuve évidente qu'il faut appliquer des traits si différens à différens peuples répandus dans ces contrées si étendues et si vastes, et, quoiqu'ils soient tous compris sous un même nom, ne les pas confondre sous une même idée.

Des auteurs cités par Strabon parlent des Scythes qui habitaient sur les bords du Pont-Euxin, lesquels égorgeaient tous les étrangers qui arrivaient chez eux, se nourrissaient de leur chair, et, après avoir fait dessécher leurs crânes, s'en servaient comme de pots et de vases pour boire. Hérodote, en décrivant les sacrifices que les Scythes offraient au dieu Mars, dit qu'ils lui immolaient des victimes humaines. Il rapporte une coutume assez bizarre de faire les traités, usitée parmi ces peuples [*]. Ils versaient du vin dans un grand vase de terre, et les deux parties contractantes, après s'être découpé les bras avec un couteau, y faisaient couler de leur sang, y teignaient leurs armes, et buvaient de cette liqueur, eux et tous les assistans, en faisant de grandes imprécations contre celui qui violerait le traité.

Ce que le même historien raconte des cérémonies observées dans les obsèques des rois est bien plus extraordinaire. Je

---

[*] Cette coutume subsistait encore parmi les Ibériens, peuple scythe d'origine du temps de Tacite, qui en fait mention (*Annal.* lib. 12, cap. 47.)

ne rapporte que celles qui font connaître
la cruauté de ces peuples. Après avoir em-
baumé le corps mort du roi, et l'avoir en-
duit de cire, ils le promènent sur un cha-
riot de ville en ville, et le montrent à tous
les peuples qui étaient de sa dépendance.
Quand cette course est achevée, ils le dé-
posent dans le lieu destiné à sa sépulture,
où ils font une large fosse, dans laquelle
ils enterrent le roi, et avec lui une de ses
femmes, son grand-échanson, son maître-
d'hôtel, son grand-écuyer, son chancelier,
son secrétaire d'état, après les avoir tous
égorgés. Ils y mettent aussi plusieurs chevaux, grand nombre de coupes d'or, et
quelque partie de chacun des meubles du
défunt : après quoi ils ferment la fosse, et
la couvrent de terre. Ce n'est pas tout :
quand le jour de l'anniversaire est arrivé,
ils égorgent encore cinquante des officiers
du roi défunt, et autant de chevaux, dont
ils préparent les corps en leur nettoyant le
ventre, et le remplissant de paille, et ensuite ils placent ces officiers sur les chevaux autour du tombeau, apparemment
pour lui servir de gardes. Il paraît que
l'esprit de ces cérémonies était de regarder

le roi comme vivant encore, et, dans cette vue, de laisser toujours auprès de lui sa cour et ses officiers ordinaires. Je ne sais pas si des charges qui aboutissaient à une telle fin étaient fort briguées.

Il est temps de passer à des mœurs plus douces et plus humaines : peut-être que, dans un autre sens, elles ne paraîtront pas moins sauvages. C'est Justin surtout qui fait la description que je vais rapporter. Les Scythes, selon cet auteur, vivaient dans une grande innocence et dans une grande simplicité. Tous les arts leur étaient inconnus ; mais ils ne connaissaient point non plus les vices. Ils n'ont point partagé entre eux les terres, dit Justin : inutilement l'auraient-ils fait, puisqu'ils ne les cultivent point. Horace, dans une ode dont je rapporterai bientôt une partie, nous marque que quelques-uns d'entre eux cultivaient une certaine portion de terre, mais pour un an seulement ; après quoi ils étaient relevés par d'autres, qui leur succédaient aux mêmes conditions. Ils n'ont point de maisons, point de demeure fixe. Ils errent sans cesse de campagne en campagne avec leurs troupeaux.

Ils transportent avec eux leurs femmes et leurs enfans dans des chariots couverts de peaux, qui leur tiennent lieu de maisons. La justice y est observée et maintenue par le caractère propre et le goût de la nation, non par la crainte des lois, qu'ils ignorent. Aucun crime parmi eux n'est puni plus sévèrement que le vol, et cela avec raison : car leurs troupeaux, qui font toutes leurs richesses, n'étant jamais renfermés, comment pourraient-ils subsister, si le vol n'était rigoureusement interdit ? Ils ne desirent point l'or et l'argent comme le reste des hommes. Le lait et le miel sont leur principale nourriture. Ils ne connaissent point l'usage de la laine et des étoffes, et, pour se défendre des froids violens et continuels de leur climat, ils n'emploient que des peaux de bêtes.

J'ai dit que ces mœurs des Scythes pourraient paraître à plusieurs grossières et sauvages. En effet, pourrait-on dire, ils ont des terres, et ne les cultivent point ; ils ont des troupeaux, et se contentent d'en tirer le lait, et en négligent la chair. La laine de leurs moutons leur pourrait fournir des habillemens commodes, et ils n'ont d'autres vêtemens que des peaux de bêtes. Mais ce qui, dans l'esprit du plus grand nombre des hommes est le plus capable de les convaincre de grossièreté et d'ignorance, c'est qu'ils n'estiment point l'or et l'argent, qui ont toujours été en si grand honneur parmi tous les peuples policés.

Heureuse ignorance! grossièreté infiniment préférable à notre prétendue politesse! Ce mépris de toutes les commodités de la vie, continue Justin, leur a donné une droiture de mœurs qui les empêche de jamais rien desirer du bien d'autrui. Aussi la passion des richesses n'a lieu que lorsqu'on en peut faire usage. Et plût à Dieu, dit le même auteur, que l'on vît régner parmi le reste des hommes une pareille modération, et un pareil éloignement de tout desir du bien d'autrui! L'on n'aurait pas vu les guerres se succéder sans cesse les unes aux autres dans tous les siècles et dans tous les pays; et le nombre de ceux qui périssent par le fer et par les armes ne serait pas plus grand que celui des hommes qui sont enlevés par la nécessité inévitable de la nature.

Justin termine le portrait des Scythes

par une réflexion bien sensée. C'est une chose bien surprenante , dit-il, qu'un naturel heureux, destitué du secours de l'éducation, ait donné aux Scythes une modération et une sagesse où les Grecs n'ont pu parvenir, ni par les établissemens de de leurs législateurs, ni par les préceptes de leurs philosophes ; et que les mœurs d'une nation barbare soient préférables à celles de ces peuples cultivés et polis par les arts et par les sciences : tant l'ignorance du vice a de plus heureux effets dans les uns, que dans les autres la connaissance de la vertu !

Les pères croyaient avec raison laisser à leurs enfans une précieuse succession en leur laissant la paix et l'union entre eux. Un de leurs rois (il s'appelait Scylure), se voyant près de mourir, fit venir ses enfans , et, leur présentant à tous successivement un faisceau de dards liés fortement ensemble , les exhorta à les rompre. Quelque effort qu'ils fissent, ils n'en purent venir à bout. Quand le faisceau fut délié, ils rompirent tous les dards sans peine. Voilà, leur dit-il, l'image de ce que pourront parmi vous la concorde et l'union. Pour fortifier et étendre ces avantages domestiques, ils y joignaient le secours des amis. L'amitié chez eux était regardée comme une alliance sacrée et inviolable, qui approchait beaucoup de celle que la nature a mise entre les frères, et à laquelle on ne pouvait donner atteinte sans se rendre coupable d'un grand crime.

Il semble que les auteurs anciens se soient efforcés à l'envi de relever l'innocence des mœurs qui régnait parmi les Scythes par de magnifiques éloges. Je transcrirai ici en entier celui qu'on lit dans Horace. Il associe aux Scythes les Gètes, qui étaient fort voisins. C'est dans la belle ode où ce poète s'élève contre le luxe et les désordres de son siècle. Après avoir dit que ni les plus immenses richesses, ni les plus superbes bâtimens, ne peuvent procurer le repos et la tranquillité de l'esprit, il ajoute: « Plus heureux cent fois les Scythes, qui roulent sur des chariots leurs maisons errantes! plus heureux les Gètes, qui habitent des terres glacées par les frimas! Chez eux la terre, sans être partagée par des bornes, produit des grains et des fruits qui se recueillent en commun. Les travaux de la campagne ne durent qu'un an pour chacun d'eux ; et celui qui vient d'achever son année ne manque point d'être relevé par un successeur qui prend sa place aux mêmes conditions. Là les belles-mères, loin de faire tort aux enfans du premier lit, les ménagent avec bonté, et ne se permettent point d'attenter sur la vie des enfans d'un premier lit. Les femmes sont en garde contre les discours séduisans de ceux qui cherchent à les corrompre, et ne tirent point de leur dot le droit de maîtriser leurs maris. La plus grande dot d'une fille, c'est la vertu de ses père et mère, c'est son inviolable attachement pour son époux, et l'éloignement qu'elle a pour tout autre ; c'est enfin la persuasion où elle est que l'infidélité est un crime, et que la mort en est le salaire. »

Quand on examine sans prévention le caractère et les mœurs des Scythes, est-il possible de refuser à ces peuples son estime et son admiration ? Leur manière de vivre, pour l'extérieur, est-elle fort éloignée de celle des patriarches, qui n'avaient point de demeure fixe, qui ne cultivaient point la terre, qui ne s'appliquaient qu'à la nourriture des troupeaux, et qui habitaient sous des tentes ? Croit-on ce peuple fort à plaindre d'avoir ignoré et même méprisé l'usage de l'or et de l'argent ? Ne serait-il pas à souhaiter qu'ils fussent toujours demeurés dans les entrailles de la terre, et qu'ils n'en eussent jamais été arrachés pour devenir la cause et l'instrument de tous les crimes ? Quel usage les Scythes en pouvaient-ils faire, eux qui n'estimaient que ce qui sert véritablement aux besoins de l'homme, et qui mettaient à ces besoins des bornes si étroites ? Il n'est point étonnant que, vivant sans maisons, ils ne fissent nul cas des arts si vantés ailleurs, tels que sont l'architecture, la sculpture, la peinture, non plus que de la somptuosité des vêtemens et des meubles, trouvant dans les dépouilles des bêtes de quoi se défendre des injures du temps. Après tout, peut-on dire que ces avantages prétendus contribuent au bonheur réel de la vie ? Les peuples qui les avaient en partage étaient-ils plus sains et plus robustes que les Scythes? vivaient-ils plus long-temps ? menaient-ils une vie plus libre, plus tranquille, plus exempte de soins et de chagrins ? Avouons-le à la honte de l'ancienne philosophie, les

Scythes, qui ne faisaient point une étude particulière de la sagesse, l'avaient portée plus loin que ni les Egyptiens, ni les Grecs, ni les autres peuples policés. Ils ne donnaient le nom de biens et de richesses qu'à ce qui le mérite véritablement, en parlant selon le langage humain, je veux dire à la santé, à la force, au courage, à l'amour du travail et de la liberté, à l'innocence des mœurs, à la bonne foi, à l'horreur pour tout mensonge et toute dissimulation; en un mot, à toutes les qualités qui rendent l'homme meilleur et plus estimable. Ajoutez à ces heureuses dispositions la connaissance et l'amour du vrai Dieu et du Médiateur, sans quoi elles leur étaient inutiles, ils deviennent un peuple parfait.

En comparant les mœurs des Scythes avec celles du siècle présent, on est tenté de croire qu'un si beau portrait est flatté, et que Justin, aussi bien qu'Horace, leur prête des vertus qu'ils n'avaient point. Toute l'antiquité leur rend le même témoignage; et Homère, dont le suffrage doit être d'un grand poids, les appelle *les plus justes des hommes.*

Mais (qui le croirait?) le luxe, qui semblerait ne pouvoir subsister que dans un
pays agréable et délicieux, pénétra dans
cette région âpre et inculte ; et forçant les
barrières que lui avaient opposées jusque
là un usage constant de plusieurs siècles,
fondé dans la nature du climat et dans le
génie des habitans, il vint à bout enfin de
corrompre aussi les mœurs des Scythes, et
de les égaler en ce point aux autres peuples dont il s'était rendu maître. C'est Strabon qui nous apprend cette particularité
très digne de remarque ; il vivait du temps
d'Auguste et de Tibère. Après avoir beaucoup loué la simplicité, la frugalité, l'innocence des anciens Scythes, et leur extrême éloignement de toute fourberie, et
même de toute dissimulation, il avoue que
le commerce qu'ils avaient eu dans les derniers temps avec les autres peuples avait
substitué à ces vertus des vices tout contraires. Il semblerait, dit-il, que l'effet
naturel d'un tel commerce avec des nations
polies et civilisées n'aurait dû être que de
les humaniser et de les apprivoiser, en leur
faisant perdre cet air sauvage et farouche
qu'ils avaient ; et cependant il causa la

ruine entière de leurs mœurs, et les trans-
forma en d'autres hommes. C'est sans doute
par rapport à ce changement qu'Athénée
dit que les Scythes se livrèrent à la volupté
et aux délices en même temps qu'ils se livrèrent à l'amour du gain et des richesses.

Strabon, en faisant la remarque que je
viens de rapporter, ne dissimule pas que
c'est aux Romains et aux Grecs que les Scythes durent ce funeste changement. Notre
exemple, dit-il, a perverti presque tous
les peuples de la terre, en y portant avec
le luxe l'amour des plaisirs et des délices,
la mauvaise foi, et mille sortes de fourbe-
ries honteuses pour amasser de l'argent.
C'est une triste distinction et un malheureux talent pour un peuple que de devenir,
par son habileté à inventer des modes, et à
raffiner sur tout ce qui nourrit et entretient
le luxe, le corrupteur de tous ses voisins,
et leur maître pour le dérèglement et le
vice.

Ce fut contre ces Scythes, mais encore
entiers et dans leur plus grande vigueur,
que Darius tourna ses armes. C'est ce que
je dois maintenant exposer.

§ IV. J'ai déjà fait observer que le prétexte

dont se servit Darius pour entreprendre la
guerre contre les Scythes était l'irruption
qu'ils avaient faite anciennement dans l'A-
sie ; mais il n'avait d'autre but réellement
que de satisfaire son ambition, et d'étendre
ses conquêtes.

Son frère Artabane, pour qui il avait un
grand respect, et qui, de son côté, n'avait
pas moins de zèle pour les véritables intérêts du roi, se crut obligé dans cette occasion de lui découvrir ses sentimens avec
toute la liberté que demandait l'importance
de l'affaire. « Grand prince, lui dit-il, ceux
qui forment quelque grande entreprise
doivent considérer avec soin si elle sera
utile ou préjudiciable à l'état, si l'exécution en sera aisée ou difficile, si elle pourra
contribuer ou nuire à leur gloire ; enfin,
si elle est conforme ou contraire aux règles
de la justice. Je ne vois point, seigneur,
quand même vous seriez assuré du succès,
quel avantage vous pouvez attendre de la
guerre que vous entreprenez contre les
Scythes. Ce sont des peuples séparés de
votre empire par de longs espaces de terre
et de mer, qui habitent de vastes déserts,
qui sont sans villes, sans maisons, sans

établissemens, sans richesses. Qu'y a-t-il à gagner pour vos troupes dans une telle expédition ? ou plutôt que n'y a-t-il point à perdre ! Accoutumés comme ils sont à passer d'une contrée dans une autre, s'ils s'avisent de prendre la fuite devant vous, non par crainte ou par lâcheté, car ils sont très courageux et très aguerris, mais dans le dessein de harasser et de ruiner votre armée par de continuelles et de pénibles courses, que deviendrons-nous dans un pays inculte, stérile et dénué de tout, où nous ne trouverons ni fourrage pour nos chevaux, ni nourriture pour nos soldats ? Je crains, seigneur, qu'une fausse idée de gloire et des conseils flatteurs ne vous précipitent dans une guerre qui pourra tourner à la honte de la nation. Vous jouissez d'une paix tranquille au milieu de vos peuples, dont vous faites l'admiration et le bonheur. Vous savez que les dieux ne vous ont placé sur le trône que pour être le coadjuteur, ou plutôt le ministre de leur bonté encore plus que de leur puissance. Vous vous piquez d'être le protecteur, le tuteur, le père de vos sujets ; et vous nous répétez souvent, parce que vous le pensez ainsi, que vous ne vous croyez roi que pour les rendre heureux. Quelle joie pour vous, grand prince, d'être la source de tant de biens, et de faire vivre à l'ombre de votre nom tant de peuples dans un si aimable repos! La gloire d'un roi qui aime son peuple et qui en est aimé, qui, loin de faire la guerre aux nations voisines ou éloignées, les empêche de l'avoir entre elles, n'est-elle pas infiniment plus touchante que celle de ravager la terre en répandant partout le carnage, le trouble, l'horreur, la consternation, le désespoir? Mais un dernier motif doit encore faire plus d'impression sur votre esprit que tous les autres; c'est celui de la justice. Vous n'êtes point, graces aux dieux, de ces princes qui ne reconnaissent d'autre loi que celle du plus fort, et qui regardent comme un privilège attaché à la royauté, à l'exclusion des simples particuliers, d'envahir le bien d'autrui. Vous ne faites point consister votre grandeur à vouloir tout ce que vous voulez, mais à ne pouvoir que ce que vous pouvez selon les lois, et ce que vous devez. En effet, sera-t-on injuste et ravisseur quand on ne prend que quelques arpens de terre à son voisin ? et sera-t-on héros quand on usurpe et qu'on envahit des provinces entières ? Or, j'ose vous le demander, seigneur, quel titre avez-vous sur la Scythie ? Quel tort vous ont fait les Scythes ? Quelle raison pouvez-vous alléguer pour leur déclarer la guerre ? Celle que vous avez portée contre les Babyloniens était en même temps et nécessaire et juste ; aussi les dieux l'ont-ils favorisée d'un heureux succès. C'est à vous, seigneur, de juger si celle que vous entreprenez maintenant a les mêmes caractères. »

Il n'y avait que le zèle généreux d'un frère uniquement occupé de la gloire de son prince et du bien public qui pût inspirer une telle liberté ; mais aussi il n'y avait, du côté du prince, qu'une parfaite modération capable de la souffrir. Darius, comme Tacite le remarque d'un grand empereur, avait su joindre deux choses qui, pour l'ordinaire, sont inalliables, la souveraineté et la liberté. Loin de se choquer de celle que son frère avait prise, il le remercia de son conseil, mais n'en profita pas. L'engagement était pris. Il partit de Suse à la tête d'une armée de sept cent mille hommes : sa flotte était de

six cents vaisseaux, commposée principalement d'Ioniens , et d'autres nations grecques, qui habitaient les côtes de l'Asie
mineure et de l'Hellespont. Il marcha vers
le Bosphore de Thrace, qu'il passa sur
un pont de bateaux : après quoi, s'étant
rendu maître de toute la Thrace, il arriva
sur les bords du Danube, appelé autrement
Ister, où il avait ordonné à sa flotte de le
venir joindre. Il érigea en plusieurs endroits
de son passage des colonnes avec des inscriptions magnifiques, dans l'une desquelles
il s'appelait LE MEILLEUR ET LE PLUS BEAU
DE TOUS LES HOMMES. Quelle vanité ! quelle
petitesse !

Encore si les défauts de ce prince se
fussent terminés à des sentimens d'orgueil
et de vanité , ils paraîtraient peut-être
plus pardonnables; du moins n'auraient-ils
pas été si funestes pour ses sujets. Mais
comment concilier avec le caractère de
Darius, qui paraissait plein de bonté et de
douceur, la cruauté barbare qu'il exerça à
l'égard d'OEbazus, vieillard respectable
par sa qualité et par son mérite? Il avait
trois enfans qui se préparaient à suivre le
prince dans son expédition contre les

Scythes. A son départ de Suse, ce père lui demanda par grace de vouloir bien lui laisser un de ses enfans pour être la consolation de sa vieillesse. Un seul ne suffit pas, répliqua Darius, je veux vous les laisser tous les trois; et sur-le-champ il les fit mourir.

Après avoir passé le Danube sur un pont de bateaux, il avait le dessein de le rompre, afin de ne point affaiblir son armée par le gros détachement des troupes qu'il serait obligé de laisser à sa garde. Un de ses officiers lui représenta qu'il était bon de se réserver cette ressource , en cas de quelque accident fâcheux dans la guerre qu'il entreprenait. Il le crut, et confia la garde du pont aux Ioniens qui l'avaient construit, avec permission de s'en retourner chez eux, s'il ne revenait dans l'espace de deux mois; puis il s'avança dans la Scythie.

Dès que les Scythes eurent appris que Darius marchait contre eux, ils délibérèrent ensemble sur les mesures qu'ils devaient prendre. Ils sentirent bien qu'ils n'étaient pas en état de résister seuls à un ennemi si formidable. Ils députèrent vers

tous les peuples voisins pour leur demander du secours, en leur remontrant que
le danger était commun, et qu'ils avaient
tous un égal intérêt à repousser un ennemi
qui en voulait à tous. Quelques-uns répon-
dirent favorablement à leur demande ;
d'autres refusèrent absolument d'entrer
dans une guerre qui ne les regardait point,
et ils eurent bientôt lieu de s'en repentir.

Les Scythes avaient pris la sage précaution de mettre en sûreté leurs femmes et
leurs enfans, en les faisant passer sur des
chariots vers les parties les plus septen-
trionales avec tous leurs troupeaux, ne se
réservant que ce qui était nécessaire à
l'armée pour les vivres. Ils avaient eu soin
aussi de boucher tous les puits et toutes
les fontaines, et de consumer tous les four-
rages dans les lieux où les Perses devaient
passer. Ils allèrent donc à leur rencontre
avec leurs alliés, non pour leur livrer
combat, ils avaient bien résolu de l'éviter,
mais pour les attirer dans les lieux où ils
voulaient qu'ils vinssent. En effet, dès que
les Perses paraissaient vouloir les attaquer,
ils se retiraient toujours devant eux en
avançant dans le pays ; et ils les condui-

sirent ainsi de contrée en contrée chez tous les peuples qui avaient refusé d'entrer dans leur alliance, dont les terres furent entièrement ravagées par la double armée des Perses et des Scythes.

Darius, fatigué par ces longues courses qui ruinaient son armée, envoya un héraut au roi des Scythes, appelé Indathyrse, et lui dit par sa bouche : « Prince des Scy- « thes, pourquoi fuis-tu continuellement « devant moi? que ne t'arrêtes-tu enfin, ou « pour me donner bataille, si tu te crois en « état de me résister ; ou, si tu te sens « trop faible, pour reconnaître ton maître, « en lui présentant la terre et l'eau ? » Les Scythes étaient fiers, extrêmement jaloux de leur liberté, ennemis déclarés de tout esclavage. Indathyrse répondit ainsi : « Si « je fuis devant toi, prince des Perses, ce « n'est pas que je te craigne ; je ne fais « autre chose maintenant que ce que j'ai « coutume de faire en temps de paix. Nous « n'ayons, nous autres Scythes, ni villes « ni terres à défendre : si tu veux nous « forcer au combat, viens attaquer les « tombeaux de nos pères, et tu sentiras « qui nous sommes. Pour la qualité de

« maître que tu prends, garde - la pour
« d'autres que les Scythes. Je ne reconnais
« pour maître que le grand Jupiter, l'un
« de mes aïeux, et la déesse Vesta. »

Plus Darius s'avançait dans le pays,
plus son armée avait à souffrir. Elle était
réduite à une fort grande extrémité, lorsqu'il arriva de la part des Scythes un héraut chargé d'offrir pour présens à Darius:
un oiseau, une souris, une grenouille et
cinq flèches. Il demanda ce que signifiaient
ces présens. L'officier répondit qu'il avait
ordre de les lui offrir, et rien de plus; que
c'était à lui d'en pénétrer la signification.
Ce prince conclut d'abord que les Scythes
lui livreraient la terre et l'eau, marquées
par la souris et la grenouille; leur cavalerie, qui avait la légèreté des oiseaux; leurs
propres personnes et leurs armes, dési-
gnées par les flèches. Gobryas, l'un des sept
qui avaient conjuré contre le mage,
donna un autre sens à l'énigme.

« Sachez, dit - il aux Perses, que, si
vous ne vous envolez en l'air comme les
oiseaux, ou si vous ne vous cachez dans
la terre comme les souris, ou si vous ne
vous enfoncez dans l'eau comme les gre-

nouilles, vous ne pourrez échapper aux flèches des Scythes. »

En effet l'armée entière, conduite dans une région vaste, inculte, déserte, absolument destituée d'eau, se trouva exposée à un danger presque inévitable de périr ; et Darius lui-même ne fut pas exempt de ce péril. Il dut son salut à un chameau qui, chargé d'eau, le suivait avec beaucoup de peine dans cet affreux désert. Le prince n'oublia pas son bienfaiteur. Pour le récompenser du service qu'il lui avait rendu, et des fatigues qu'il avait essuyées, à son retour en Asie, il lui assigna pour sa nourriture un certain endroit qu'il possédait en propre, et qu'on nomma par cette raison, Gaugamele, c'est-à-dire en langue persanne Maison du Chameau. C'est auprès de cette petite ville que Darius-Codoman fut vaincu par Alexandre-le- Grand.

Darius ne délibéra pas davantage, et il se vit forcé malgré lui de renoncer à sa folle entreprise. On songea donc sérieusement au retour, et l'on juge bien qu'il n'y avait point de temps à perdre. Quand la nuit fut venue, pour tromper l'ennemi, les Perses allumèrent beaucoup de feux à l'ordinaire, et ayant laissé dans le camp les vieillards et les malades avec tous les ânes, qui faisaient beaucoup de bruit, ils se mirent en marche pour regagner le Danube. Les Scythes ne s'en aperçurent que le lendemain matin. Ils firent sur-le-champ un gros détachement pour aller vers le Danube, et, comme ils connaissaient parfaitement les chemins, ils arrivèrent au pont beaucoup de temps avant les Perses. Ils y avaient déjà envoyé auparavant pour exhorter les Ioniens à rompre le pont et à s'en retourner. On leur en avait donné parole, mais sans dessein de l'exécuter. Ici ils les pressèrent bien plus vivement, en leur représentant que le temps que leur avait prescrit Darius pour l'attendre était passé ; qu'ils pouvaient, sans manquer à leur parole ni à leur devoir, retourner chez eux ; qu'il ne dépendait que d'eux de secouer pour toujours le joug de la servitude , et de se rétablir dans une entière liberté ; et que les Scythes mettraient Darius hors d'état de former aucune entreprise contre qui que ce fût.

On mit l'affaire en délibération. Miltidiate, Athénien, prince, ou, comme les

Grecs l'appellent, tyran de la Chersonèse de Thrace à l'embouchure de l'Hellespont, était du nombre de ceux qui avaient accompagné Darius, et fourni des vaisseaux pour favoriser cette entreprise. Plus sensible à l'intérêt public qu'à son avantage particulier, il fut d'avis de donner satisfaction aux Scythes, et de profiter d'une si favorable occasion pour remettre l'Ionie en liberté : tous les autres chefs pensèrent comme lui, à l'exception d'Hystiée, tyran de Mylet. Quand son rang de parler fut venu, il représenta aux chefs des Ioniens que leur fortune était liée à celle de Darius; que c'était sous la protection de ce prince qu'ils étaient maîtres chacun dans leur ville; que, si la puissance des Perses venait à tomber ou à s'affaiblir, les villes d'Ionie ne manquerait pas de chasser leurs tyrans et de se rétablir en liberté. Ce dernier avis fut goûté de tous les autres chefs; et, comme c'est l'ordinaire, l'intérêt particulier l'emporta sur le bien public. Il fut résolu qu'on attendrait Darius. Mais pour tromper les Scythes, et les empêcher de faire eux-mêmes quelque entreprise, ils leur déclarèrent qu'ils avaient pris le parti de se retirer comme ils le souhaitaient, et ils firent mine effectivement de rompre le commencement du pont, après avoir exhorté les Scythes à faire aussi de leur côté leur devoir, et à retourner promptement contre l'ennemi commun pour l'attaquer et le défaire. Les Scythes, trop crédules, se retirèrent, et furent encore trompés une seconde fois.

Ils manquèrent Darius, qui avait pris un autre chemin que celui où ils avaient compté l'atteindre. Ce prince arriva de nuit au point du Danube, et, le trouvant rompu, il ne douta point que les Ioniens ne se fussent retirés, et pour lors il se crut perdu. On appela à haute voix Hystiée le Milésien, qui répondit enfin, et tira le roi d'inquiétude. Le pont fut entièrement rétabli. Darius repassa le Danube, et vint dans la Thrace. Il y laissa Mégabyse, un de ses premiers généraux avec une partie de son armée, pour achever la conquête de ce pays-là, et le soumettre entièrement à son obéissance. Après quoi il repassa le Bosphore avec le reste de ses troupes, et se retira à Sardes, où il passa tout l'hiver, et la plus grande partie de l'année suivante , pour rafraîchir ses troupes , qui avaient extrêmement souffert dans cette expédition , aussi malheureuse que mal concertée.

Mégabyse demeura quelque temps dans la Thrace. Les peuples qui l'habitaient auraient, selon Hérodote, été invincibles, s'ils avaient su réunir leurs forces et se donner un seul chef. Quelques-uns d'eux avaient des coutumes fort particulières. Dans un certain canton , quand un enfant venait au monde, tous ses proches s'abandonnaient à la douleur, et répandaient des larmes en abondance, dans la vue des maux auxquels il allait être exposé : ce n'était que joie, au contraire, à la mort de leurs proches, parce que ce n'était que de ce moment qu'ils les croyaient heureux, les voyant délivrés pour toujours des misères de la vie. Dans un autre canton où la polygamie était d'usage, lorsque le mari était mort, c'était une grande dispuste entre ses femmes pour savoir laquelle était la plus aimée. Celles à qui cet avantage était adjugé avait le privilège d'être immolée par son plus proche parent sur le tombeau de son mari, et d'y être ensevelie avec lui; et toutes les autres portaient envie à son bonheur, et se croyaient en quelque sorte déshonorées.

Darius, à son retour à Sardes, après sa malheureuse expédition contre les Scythes, ayant été pleinement informé qu'il devait son salut et celui de toute son armée à Hystiée, qui avait persuadé aux Ioniens de ne point rompre le pont sur le Danube, le fit venir à sa cour, et lui dit de demander hardiment la récompense qu'il souhaitait. Hystiée lui demanda Mircine d'Edonie, territoire sur la rivière de Strymon en Thrace, avec la liberté d'y bâtir une ville. Il n'eut pas de peine à obtenir sa demande, et il s'en retourna à Milet, d'où il partit pour la Thrace après avoir fait équiper une flotte. Ayant pris possession du territoire qui lui avait été accordé, il s'appliqua sur-le-champ à exécuter l'entreprise qu'il avait projetée d'y bâtir une ville.

Mégabyse, qui était alors gouverneur de la Thrace de la part de Darius, s'aperçut bientôt du préjudice que cette entreprise pourrait apporter aux affaires du roi dans ces quartiers-là. Il considérait

que cette nouvelle ville était sur une rivière navigable; que le pays des environs
abondait en bois de charpente propre à
construire des vaisseaux; qu'il était habité
par diverses nations tant grecques que
barbares, qui pouvaient fournir un grand
nombre de gens propres à servir sur terre
et sur mer; que, si une fois ces peuples
avaient à leur tête un chef aussi adroit et
aussi entreprenant qu'Hystiée, ils pourraient devenir si puissans sur terre et sur
mer, qu'il serait ensuite impossible au roi
de les contenir dans le devoir, surtout
étant maîtres de plusieurs mines d'or et
d'argent qui étaient dans ce pays-là, et
qui pouvaient leur donner les moyens de
faire réussir toutes les entreprises qu'ils
voudraient former. A son retour à Sardes,
il représenta toutes ces choses au roi, qui
goûta fort toutes ces raisons, et manda à
Hystiée de venir le trouver à Sardes, sous
prétexte qu'ayant de grands desseins en
vue, il avait besoin de ses conseils. L'ayant
ainsi attiré à sa cour, il l'emmena avec lui
à Suse, lui faisant entendre qu'il savait
faire tout le cas qu'il devait d'un ami aussi
fidèle et aussi intelligent que lui, deux

qualités qui le lui rendaient bien précieux, et dont il lui avait donné d'éclatantes preuves dans son voyage en Scythie; qu'au reste il trouverait en Perse de quoi se dédommager avantageusement de tout ce qu'il pourrait quitter. Hystiée, flatté agréablement d'une distinction si honorable, et d'ailleurs se voyant dans la nécessité d'obéir, accompagna Darius à Suse, et établit Aristagoras pour gouverner à Milet en sa place.

Pendant que Mégabyse était encore en Thrace, il avait député plusieurs seigneurs de Perse vers Amyntas, roi de Macédoine, pour lui demander qu'il donnât la terre et l'eau à Darius son maître : c'était la formule ordinaire de soumission. Amyntas accorda sans peine ce qu'on desirait de lui, et fit à ces envoyés tout l'honneur possible. Dans un repas qu'il leur donna, ils demandèrent vers la fin qu'on fît venir les dames, ce qui était contre l'usage du pays : cependant le roi n'osa le leur refuser. Echauffés par le vin, et se croyant tout permis comme dans leur pays, ils gardèrent peu de mesures à l'égard de ces princesses. Le fils du roi, nommé Alexandre, n'avait pu voir sans une extrême indignation la manière dont on avait traité sa mère et ses sœurs. Il les fit sortir de la salle sous quelque prétexte, comme pour y revenir bientôt après, et eut aussi la précaution de faire retirer le roi son père. Dans l'intervalle il fit habiller en femmes des jeunes gens, qu'il arma de poignards sous leurs habits. Quand les prétendues dames furent rentrées, et que les députés se mirent en état de les traiter comme ils avaient déja fait auparavant, alors les poignards furent tirés, et l'on fit main-basse sur les seigneurs persans et sur toute leur suite, sans qu'un seul de leurs gens fût épargné. On n'ignora pas cette exécution à Suse, et l'on y nomma des commissaires pour en informer : mais Alexandre, à force de présens, étouffa l'affaire, et elle n'eut point de suites.

Les Scythes, pour se venger de l'invasion que Darius avait faite dans leur pays, passèrent le Danube, et ravagèrent toute cette partie de la Thrace qui s'était soumise aux Perses jusqu'à l'Hellespont. Miltiade, pour éviter leur fureur, abandonna la Chersonèse ; mais après la retraite des ennemis, il y retourna, et fut rétabli dans

le même pouvoir qu'il avait auparavant
sur les habitans du pays.

§ V. (Av. J.-C. 508.) Vers le même
temps (c'était la treizième année du règne
de Darius), ce prince, voulant étendre sa
domination du côté de l'orient, pour se
faciliter la conquête de ces pays-là, forma
le dessein d'en faire auparavant la découverte. Pour cet effet il fit construire et
équiper une flotte à Caspatyre, ville située
sur l'Inde, et en plusieurs autres endroits
sur le même fleuve, jusqu'aux frontières de
Scythie. Il en donna le commandement à
Scylas, Grec de Caryandie, ville de Carie,
qui entendait parfaitement bien la marine.
Il lui donna ordre de descendre ce fleuve,
et de découvrir, autant qu'il lui serait
possible, tous les pays qui étaient le long
de ses bords d'un et d'autre côté, jusqu'à
son embouchure; de passer de là dans l'o-
céan méridional, et de prendre ensuite sa
route vers l'occident pour retourner par
là dans son pays. Scylax, ayant exactement
exécuté ses ordres et parcouru le fleuve
de l'Inde, entra par le détroit de Babel-
mandel dans la mer Rouge, et, après un
voyage de trente mois depuis son départ

de Caspatyre, il aborda en Egypte dans le
même port d'où autrefois Néchao, roi
d'Egypte, avait fait partir les Phéniciens
qui étaient à son service pour faire le tour des
côtes d'Afrique. Il y a beauconup d'apparence que ce port est le même que celui où est
aujourd'hui située la ville de Suez, au fond
de la mer Rouge. De là il se transporta à
Suse, où il rendit compte à Darius de ses
découvertes. Après cela, Darius entra
dans les Indes avec une armée, et réduisit
tout ce grand pays sous sa domination. On
s'attendrait naturellement à connaître les
circonstances d'une guerre si importante ;
Hérodote n'en dit pas un mot. Il nous
apprend seulement que le pays des Indes
faisait le vingtième des gouvernemens de
l'empire de ce prince, et qu'il lui rappor-
tait tous les ans trois cent soixante talens
d'or ; ce qui monte à près de onze
millions *.

§. VI. (Av. J.-C. 504.) Depuis que Darius fut revenu à Suse après son expédition de Scythie, il avait donné le gouvernement de Sardes à Artapherne, un de ses
frères, et à Otane le commandement en

---

* Plus de 25 millions.

chef de la Thrace et des pays voisins le long de la mer, à la place de Mégabyse.

Une légère étincelle, formée par une sédition qui s'éleva à Naxe, alluma un grand incendie, et donna lieu à une guerre considérable. Naxe était la plus puissante des îles Cyclades, dans la mer Égée, aujourd'hui l'Archipel. Les principaux habitans ayant été accablés par le plus grand nombre, plusieurs des riches furent chassés de l'île et exilés. Ils se réfugièrent à Milet, où ils implorèrent l'assistance d'Aristagore, pour les faire rétablir dans leur patrie. Il gouvernait alors cette ville comme lieutenant d'Hystiée, dont il était neveu et gendre, et que Darius avait emmené avec lui à Suse. Aristagore promit aux exilés tous les secours qu'ils demandaient.

Mais, n'étant pas assez puissant de lui-même pour exécuter ce qu'il avait projeté, il se rendit à Sardes, et communiqua l'affaire à Artapherne. Il lui représenta que c'était là une occasion très favorable pour réduire Naxe sous la puissance du roi; que, si une fois il en était maître, toutes les autres Cyclades tomberaient d'elles-mêmes, l'une après l'autre, sous sa domination ; qu'ensuite l'île d'Eubée (Négrepont), qui était aussi grande que celle de Cypre, en étant tout près , serait fort facile à conquérir, ce qui donnerait au roi un libre passage en Grèce, et les moyens de soumettre tout ce pays à son obéissance ; qu'au reste cette entreprise ne demandait qu'une centaine de vaisseaux pour être exécutée avec succès. Cette proposition plut si fort à Artapherne, qu'au lieu de cent vaisseaux qu'Aristagore lui demandait, il lui en promit deux cents , pourvu qu'il obtînt le consentement du roi.

(Av. J.-C. 5o3.) Le roi , ébloui par les grandes espérances dont on le flattait, ne manqua pas d'approuver extrêmement cette entreprise, qui pourtant n'était qu'injustice , qu'ambition démesurée , que perfidie de la part d'Aristagore et d'Artapherne. Aucune considération ne l'arrête un moment. Le projet le plus criant est formé et accepté sans la moindre hésitation. L'utilité, la convenance , décident seules. Cette île est à la bienséance des Perses : c'est un titre suffisant pour y porter la guerre. Et il faut juger à peu près de même de presque toutes les autres expéditions de ce prince.

Dès qu'Artapherne eut obtenu le consentement du roi pour cette entreprise, il se mit en devoir de l'exécuter. Afin de cacher son dessein, et de surprendre ceux de Naxe, il fit courir le bruit que la flotte allait vers l'Hellespont, et il envoya au printemps suivant à Milet le nombre de vaisseaux dont il était convenu, sous le commandement de Mégabate, noble Persan de la famille royale d'Achémène. Mais sa commission portant qu'il obéirait aux ordres d'Aristagore, ce fier Persan ne put supporter d'être sous le commandement d'un Ionien, qui d'ailleurs agissait à son égard avec hauteur et empire. Cette pique fit naître entre ces deux généraux une division qui alla si loin, que Mégabate, pour se venger d'Aristagore, fit savoir sous main aux Naxiens que c'était à eux qu'on en voulait. Sur cet avis ils pourvurent si bien à leur défense, que les Perses, après avoir employé quatre mois au siège de la capitale de l'île, et consumé toutes leurs provisions, furent obligés de se retirer.

(Av. J.-C. 502.) Cette entreprise ayant ainsi échoué, Mégabate en rejeta toute la faute sur Aristagore, et le décria absolument auprès d'Artapherne. L'Ionien sentit tout d'un coup que l'affaire entraînerait non-seulement la perte de son gouvernement, mais sa ruine entière. L'extrémité où il se voyait réduit lui fit naître la pensée de se révolter contre le roi, n'envisageant point d'autre moyen de se tirer de cet embarras. A peine avait-il formé ce dessein, qu'il reçut un messager de la part d'Hystiée qui lui conseillait la même chose. Hystiée, après avoir demeuré quelques années à la cour de Perse, dégoûté des manières persanes, et desirant ardemment de retourner en son pays, donna ce conseil à Aristagore, comme le moyen le plus apparent de parvenir à ses fins. Il se flattait qu'en cas qu'il s'excitât quelques troubles en Ionie, il pourrait persuader à Darius de l'envoyer en ce pays-là pour les apaiser, comme cela arriva effectivement. Dès qu'Aristagore eut vu ses desseins appuyés des ordres d'Hystiée, il les communiqua aux chefs des Ioniens, qu'il trouva très disposés à entrer dans ses vues Il ne délibéra donc plus, et, déterminé à la révolte, il ne songea plus qu'à en préparer les voies.

(Av. J.-C. 502.) Les Tyriens, après la prise de leur ville par Nabuchodonosor, ayant été réduits dans l'esclavage, avaient gémi sous cette oppression pendant le cours de soixante et dix ans. Mais, ce terme expiré, ils furent rétablis, selon la prédilection d'Isaïe, dans la jouissance de leurs anciens privilèges, avec la liberté d'avoir leur propre roi, liberté dont ils jouirent jusqu'au temps d'Alexandre-le-Grand. Il semble que cette grace leur fut accordée par Darius, en considération des services qu'il pouvait tirer de cette ville, très puissante sur mer, pour remettre les Ioniens sous son obéissance. C'était la dix-neuvième année de son règne.

(Av. J.-C. 501.) L'année suivante, Aristagore, pour engager les Ioniens à se tenir plus fortement attachés à son parti, les rétablit tous dans leurs privilèges et dans leur liberté. Il commença par Milet, où il renonça à son autorité, et la remit entre les mains du peuple. Il parcourut ensuite toute l'Ionie, où il obligea tous les autres tyrans par son exemple, par son crédit, et peut-être aussi par la crainte d'y être forcés malgré eux, à faire la même chose dans chaque ville. Ils s'y déterminèrent avec d'autant plus de facilité, que la puissance persane, depuis l'échec reçu en Scythie, était moins en état de les protéger contre les Ioniens, naturellement amateurs de la liberté et de l'indépendance, et ennemis de toute tyrannie. De cette manière, les ayant tous unis dans une commune ligue, et s'en étant fait déclarer le chef, il leva l'étendard de la révolte contre le roi, et arma puissamment par terre et par mer pour lui faire la guerre.

Aristagore, dans la vue de pousser plus vigoureusement cette guerre, se rendit à Lacédémone au commencement de l'année suivante, pour engager cette ville à entrer dans ses intérêts et à lui donner du secours. Cléomène était pour lors sur le trône. Son père Anaxandride l'avait eu d'une seconde femme, que les éphores l'avaient obligé d'épouser, parce que la première était stérile. Celle-ci, après la naissance de Cléomène, eut trois fils, savoir Doriée, Léonide, et Cléombrote, dont les deux derniers régnèrent dans la suite. Aristagore s'adressa donc à Cléomène, et après qu'on fut convenu d'un lieu pour l'entrevue, il s'y rendit, et lui représenta que les Ioniens étaient leurs compatriotes; qu'il était digne de Sparte, la plus puissante ville de la Grèce, de concourir au dessein qu'il avait de les rétablir dans leur liberté; que les Perses, leurs ennemis communs, étaient une nation peu belliqueuse, et en même temps infiniment riche, dont les Lacédémoniens viendraient aisément à bout; qu'avec les facilités qu'ils trouveraient dans la disposition présente des peuples, il leur serait aisé de porter leurs armes victorieuses jusqu'à Suse, capitale de l'empire des Perses, où leur roi faisait sa résidence; et il lui montra en même temps, sur une petite table d'airain qu'il avait apportée avec lui, tous les peuples et toutes les villes par où il fallait passer. Cléomène prit trois jours pour délibérer. Quand ce terme fut expiré, il demanda à l'Ionien combien il y avait de chemin de la mer d'Ionie à Suse, et combien il fallait de temps pour faire ce voyage. Aristagore, sans faire réflexion à l'effet que produirait ce qu'il al—

lait dire, répondit qu'il y avait pour trois mois de chemin. * Cléomène, effrayé d'une telle proposition, lui ordonna de sortir de Sparte avant le coucher du soleil. Cependant il le suivit jusque dans sa maison, et employa une autre voie pour se le rendre favorable, ce fut celle des présens. Il commença pour lui offrir dix talens, ce qui valait de notre monnaie trente mille livres; et allant toujours en augmentant, il poussa ses offres jusqu'à cinquante talens. Gorgo, qui était la fille de Cléomène, agée de huit ou neuf ans, et que son père n'avait pas voulu faire sortir de la chambre, ne craignant rien d'un enfant de cet âge, s'écria, lorsqu'elle entendit toutes ces propositions: « Fuyez, mon père, fuyez; cet étranger

---

*Selon le calcul que fait ici Hérodote, qui compte le parasange, mesure de Perse, pour trente stades (on met ordinairement vingt stades pour une de nos lieues communes), il y a de Sardes à Suse 450 parasanges, qui font 13,500 stades, et de nos lieues 675. Ainsi, en faisant chaque jour 150 stades, ce qui monte à sept lieues et demie, il y a de Sardes à Suse pour 90 jours de chemin. Si l'on partait d'Éphèse, il faudrait ajouter près de quatre jours ; car Éphèse est éloignée de Sardes de 540 stades.

« vous corrompra. » Cléomène se mit à rire, et se retira en effet. Aristagore sortit de Sparte.

Il passa de là à Athènes, où on lui fit un accueil plus favorable. Il eut le bonheur d'y arriver dans un temps où les Athéniens étaient parfaitement préparés à accepter tout ce qui pouvait leur être proposé contre les Perses, contre qui ils étaient extrêmement irrités pour le sujet que je vais rapporter. Hippias, fils de Pisistrate, tyran d'Athènes, ayant été banni de cette ville environ dix ans auparavant, après avoir essayé inutilement divers moyens pour s'y rétablir, se rendit enfin à Sardes, et s'adressa à Artapherne. Il eut l'adresse de s'insinuer si bien dans son esprit, qu'Artapherne écouta favorablement tout ce qu'il lui dit pour lui rendre les Athéniens odieux, et l'irriter contre eux. Les Athéniens, en ayant eu avis, lui envoyèrent une ambassade à Sardes, pour le prier de ne point écouter ce que leurs proscrits pouvaient dire à leur désavantage. La réponse d'Artapherne fut que, s'ils voulaient vivre en paix, il fallait qu'ils rappelassent Hippias. Quand cette réponse arrogante eut été rapportée aux Athéniens, elle mit toute la ville en fureur contre les Perses. Aristagore, y étant arrivé dans cette conjecture, obtint sans peine tout ce qu'il demanda. Il est bien plus aisé, dit Hérodote, d'en imposer à la multitude qu'à un seul. Aussi ce qu'Aristagore n'avait pu persuader à Cléomène, il le persuada ici à trente mille Athéniens. Ils résolurent d'abord d'envoyer vingt vaisseaux à son secours. On peut dire que cette petite flotte fut la première cause et l'origine de tous les maux qui arrivèrent depuis, tant aux Perses, qu'aux Grecs.

(Av. J.-C. 500.) La troisième année de cette guerre, les Ioniens ayant rassemblé toutes leurs forces, et assistés de vingt vaisseaux d'Athènes, de cinq d'Erétrie, ville de l'île d'Eubée, firent voile pour Ephèse ; et y ayant laissé leurs vaisseaux, ils marchèrent vers la ville de Sardes, qu'ils trouvèrent sans défense, et dont ils se rendirent maîtres, excepté la citadelle, où Artapherne se retira, et où on ne put le forcer. Comme la plupart des maisons de cette ville étaient construites de roseaux, et par conséquent fort combustibles, un soldat ayant mis le feu à une maison, la flamme se communiqua aux autres et réduisit toute la ville en cendres. Après cet accident, les Perses et les Lydiens ayant rassemblé leurs forces pour leur défense, les Ioniens comprirent qu'il était temps de songer à la retraite. Pour cet effet, ils marchèrent avec toute la diligence possible pour regagner leurs vaisseaux à Éphèse; mais les Perses y étant arrivés presque aussitôt qu'eux, les attaquèrent fort vivement, et en défirent un grand nombre. Les Athéniens, de retour chez eux, ne voulurent plus prendre de part à cette guerre, quelques instances que leur fit Aristagore pour les y engager de nouveau.

Darius, ayant appris l'incendie de Sardes et la part que les Athéniens y avaient eue, résolut, dès ce temps-là, de faire la guerre à la Grèce; et afin qu'il ne vînt jamais à l'oublier, il ordonna à un de ses officiers de lui dire à haute voix chaque jour lorsqu'il prendrait son repas : *Seigneur, souvenez-vous des Athéniens.* Il arriva, dans l'incendie de Sardes, que le temple de Cybèle, la déesse du pays, fut consumé avec le reste de la ville. Cet accident servit ensuite de prétexte aux Perses pour mettre le feu à tous les temples qu'ils trouvèrent dans la Grèce, et ils y furent aussi portés par un motif de religion que j'ai expliqué ailleurs.

(Av. J.-C. 499.) Comme Aristagore, chef de la révolte, était lieutenant d'Hystiée à Milet, Darius crut que celui-ci pourrait bien avoir conduit toute cette trame; et il eut avec lui une explication, où il lui découvrit sa pensée, et les justes raisons qu'il avait de le soupçonner. Hystiée, qui était un rusé courtisan, et un maître habile dans l'art de dissimuler, parut surpris et affligé, et prenant un ton qui marquait en même temps et de la douleur et de l'indignation, « Quoi, Seigneur, lui dit-il, « avez-vous donc pu concevoir un soupçon « si injurieux contre le plus fidèle et le « plus affectionné de vos serviteurs ! Moi, « exciter une révolte contre vous ! Hé ! « quel aurait été mon but ? me manque-t- « il ici quelque chose ? je tiens un des pre- « miers rangs de votre cour ; j'ai l'honneur « d'assiter à tous vos conseils, et je ressens « tous les jours de nouvelles preuves de « votre bonté pour moi par les bienfaits

« dont vous me comblez. » Il ajouta que la révolte d'Ionie ne venait que de son éloignement de ce pays-là; qu'on avait attendu son absence pour la faire éclater; que, s'il fût resté à Milet, ce complot n'aurait jamais eu lieu; et que le moyen le plus sûr de rétablir les affaires du roi, était de l'y envoyer pour apaiser ces troubles; qu'il lui promettait sur sa tête de lui livrer Aristagore, et s'engageait outre cela à lui rendre tributaire la grande île de Sardaigne *. Les meilleurs princes sont souvent trop crédules, et quand ils ont donné leur confiance à quelqu'un de leurs sujets, ils ont peine à le retirer, et ne se détrompent pas aisément. Darius, séduit par cet air de bonne foi avec lequel Hystiée lui parlait, le crut sur sa parole, et lui permit de retourner en Ionie, en lui enjoignant de revenir à sa cour quand il aurait exécuté ses promesses.

(Av. J.-C. 498.) Cependant les révoltés, malgré la désertion des Athéniens, et l'échec considérable qu'ils avaient reçu en

---

» Cette île est bien éloignée de l'Ionie, et n'y a nul rapport. Je ne sais si ce ne serait point une faute dans le texte d'Hérodote.

Ionie, ne perdirent point courage, et poussèrent toujours leur pointe. Leur flotte fit voile vers l'Hellespont et la Propontide, et réduisit Byzance et la plupart des autres villes grecques situées de ce côté-là. Après quoi les confédérés, retournant sur leurs pas, obligèrent les Cariens à se joindre à eux dans cette guerre, aussi bien que ceux de Cypre. Les généraux persans, ayant partagé les troupes entre eux, marchèrent par trois différentes routes pour aller attaquer les rebelles, et les défirent en plusieurs rencontres, dans l'une desquelles Aristagore fut tué.

Quand Hystiée fut arrivé à Sardes, son génie intrigant lui fit former un complot contre le gouvernement, dans lequel il attira un grand nombre de Perses. Mais ayant reconnu, par quelques discours qu'il eut avec Artapherne, que ce gouverneur n'ignorait pas la part qu'il avait eue à la révolte d'Ionie, il comprit qu'il n'y avait point de sûreté pour lui à rester plus long-temps à Sardes; et, s'étant retiré secrètement la nuit suivante, il passa dans l'île de Chio. De là il envoya une personne de confiance à Sardes avec des lettres pour ceux des Perses qu'il avait gagnés. Cette personne le trahit, et remit ses lettres à Artapherne, par où tout le complot fut découvert, tous ses complices mis à mort, et son projet absolument déconcerté. S'imaginant néanmoins qu'il pourrait encore exécuter quelques entreprises d'importance, s'il était une fois à la tête de la ligue ionienne, il fit quelques tentatives pour entrer à Milet, et y être admis par les citoyens ; mais elles ne lui réussirent pas. Il fut donc obligé de retourner à Chio.

Là, comme on lui demandait pourquoi il avait si fortement pressé Aristagore de se révolter, et avait attiré ainsi de si grands malheurs à l'Ionie, il répondit que c'était parce que le roi avait résolu de transférer les Ioniens en Phénicie, et les Phéniciens en Ionie. C'était une pure supposition de sa part, et une imposture qu'il avait fabriquée, un semblable dessein n'étant jamais venu dans l'esprit de Darius. Cet artifice néanmoins servit merveilleusement, tant à le justifier dans l'esprit des Ioniens qu'à les animer à poursuivre la guerre avec vigueur ; car, alarmés de cette transmigration, ils prirent une ferme résolution de se défendre jusqu'à l'extrémité.

(Av. J.-C. 497.) Artapherne et Otane, avec les autres généraux de Perse, voyant que Milet était le centre de la confédération ionienne, résolurent d'y conduire toutes leurs forces, comptant que, s'ils pouvaient emporter cette ville, toutes les autres tomberaient d'elles-mêmes. Les Ioniens, en ayant eu avis, convinrent dans leur assemblée générale de ne point mettre d'armée en campagne, mais de fortifier Milet, et de la pourvoir, autant qu'il leur serait possible, de tout ce qui était nécessaire pour soutenir un siège, et de rassembler toutes leurs forces pour combattre les Perses sur mer, leur habileté dans la marine leur faisant croire qu'ils auraient l'avantage dans un combat naval. Leur rendez-vous fut à Lade, petite île vis-à-vis de Milet, où ils se trouvèrent avec trois cent cinquante-trois vaisseaux. A la vue de cette flotte, les Perses, quoique plus forts de la moitié pour le nombre des vaisseaux, craignirent l'évènement du combat, et l'évitèrent, jusqu'à ce que par le moyen de leurs émissaires ils eussent débauché la plus grande partie des confédérés, et les

eurent engagés à se retirer : de sorte que ,
quand on en vint aux mains, ceux de Samos,   de Lesbos, et plusieurs autres,
firent voile pour retourner en leur pays ; et
la flotte confédérée ne se trouva forte que
d'une centaine de vaisseaux. Aussi fut-elle
bientôt accablée par le nombre, et presque absolument détruite. Ensuite la ville
de Milet, ayant été assiégée, devint la
proie des vainqueurs, qui la ruinèrent
entièrement, ce qui arriva six ans après la
révolte d'Aristagore. Toutes les villes, tant
celles du continent que celles qui étaient
sur le bord de la mer et dans les îles, ren-
trèrent bientôt après dans le devoir, soit
volontairement, soit par force. On traita
ceux qui firent quelque résistance comme
on les en avait menacés. Les jeunes gens
les mieux faits furent destinés à servir
dans le palais du roi, toutes les filles furent envoyées en Perse : les villes, de
même que les temples, furent réduites en
cendres. Voilà ce que leur attira la révolte
où ils furent entraînés par les desseins
ambitieux d'Aristagore et d'Hystiée.

Ce dernier eut aussi sa part dans le
malheur général. Car, cette même année

ayant été pris par les Perses, il fut conduit à Sardes, où Artapherne le fit pendre * sur-le-champ, sans en demander la permission à Darius, de peur que l'affection de ce prince pour Hystiée ne le portât à lui accorder son pardon, et qu'il ne laissât en vie un dangereux ennemi, qui pourrait susciter de nouvelles affaires aux Perses. La suite fit voir que cette conjecture était bien fondée. Car, dès que la tête d'Hystiée eut été apportée à Darius, il témoigna beaucoup de mécontentement contre les auteurs de sa mort, et fit enterrer honorablement cette tête, comme les restes d'un homme à qui il avait des obligations infinies, dont le souvenir, gravé profondément dans son esprit, n'avait pu être effacé par la grandeur des fautes qu'il avait commises depuis. Hystiée était de ces hommes inquiets, hardis, entreprenans, qui joignent à beaucoup de grandes qualités des vices encore plus grands; à qui tous moyens sont bons pour parvenir à leur but; qui regardent la justice, la probité, la bonne foi, comme des noms sans réalité; qui ne se font aucun

* Mettre en croix.

scrupule d'employer le mensonge, la fourberie, la perfidie même et le parjure,
quand tout cela peut leur être de quelque
utilité ; et qui ne comptent pour rien la
ruine des peuples et de leur propre patrie,
si elle est nécessaire à leur élévation. Il
eut une fin digne de ses sentimens, et
assez ordinaires à ces politiques irréligieux
qui sacrifient tout à leur ambition, et qui
ne connaissent d'autre règle ni presque
d'autre dieu que leur intérêt et leur
fortune.

§ VII. (Av. J.-C. 494.) Darius, ayant
rappelé tous ses autres généraux, dans la
vingt-huitième année de son règne, envoya
Mardonius, fils de Gobryas, jeune seigneur d'une illustre famille de Perse qui
venait d'épouser une de ses filles, pour
commander en chef dans toutes les parties
maritimes de l'Asie, avec ordre de faire une
invasion dans la Grèce, et de le venger
des Athéniens et des Érétriens pour l'incendie de Sardes. Le prince montrait peu
de sagesse dans ce choix, où il préférait
un jeune homme de faveur à ses plus
vieux et plus expérimentés généraux, surtout dans une guerre très difficile, dont

8.

le succès lui tenait fort à cœur, et qui intéressait infiniment la gloire de son règne. La qualité de gendre du roi pouvait augmenter son crédit; mais n'ajoutait rien à son mérite, et ne le rendait pas excellent général.

A son arrivée dans la Macédoine, où il était passé avec l'armée de terre après avoir traversé la Thrace, tout le pays, effrayé de sa puissance, se soumit. Mais sa flotte, ayant voulu doubler le mont Athos (nommé présentement Campo-Santo), pour gagner les côtes de la Macédoine, fut accueillie d'une si violente tempête, que plus de trois cents vaisseaux, avec plus de vingt mille hommes, y périrent. Dans le même temps, l'armée de terre reçut un échec non moins considérable. Car, comme elle campait dans un lieu mal sûr, les Thraces tombèrent de nuit sur le camp des Perses, en firent un grand carnage, et blessèrent Mardonius lui-même. Tous ces mauvais succès l'obligèrent bientôt après de retourner en Asie avec la honte et la douleur d'avoir mal réussi dans cette expédition tant par terre que par mer.

Darius, s'apercevant trop tard que la jeunesse et le peu d'expérience de Mardonius étaient la cause de l'échec qu'avaient reçu ses troupes, le rappela et mit dans la suite à sa place deux autres généraux, Datis, Mède de nation, et Artapherne, fils d'Artapherne son frère, qui avait été gouverneur de Sardes. Ce prince songeait sérieusement à mettre en exécution le grand dessein qu'il roulait depuis long-temps dans son esprit; c'était d'attaquer la Grèce avec toutes ses forces, et surtout de tirer une illustre vengeance des Athéniens et de ceux d'Érétrie, dont l'entreprise contre Sardes lui était toujours présente.

1. État d'Athènes. Caractères de Miltiade, de Thémistocle et d'Aristide.

Il faut rappeler dans l'esprit l'état où était pour lors Athènes, qui seule soutint le premier choc des Perses à Marathon, et nous former par avance quelque idée des grands hommes qui eurent part à cette célèbre victoire.

Athènes, délivrée tout récemment du joug de la servitude, qu'elle s'était vue contrainte de porter pendant plus de trente ans sous Pisistrate et sous ses enfans, goûtait en paix les avantages de la liberté, dont cette longue privation n'avait servi qu'à lui faire mieux sentir et le prix et la douceur. Lacédémone, qui dominait pour lors dans la Grèce, et qui d'abord avait beaucoup contribué à cet heureux changement, sembla dans la suite s'en repentir, et, jalouse du tranquille repos qu'elle-même avait procuré à ses voisins, elle entreprit de le troubler en essayant de faire remonter sur le trône Hippias, fils de Pisistrate. Ses efforts furent inutiles, et ne servirent qu'à marquer sa mauvaise volonté, et la douleur qu'elle avait de voir qu'Athènes voulût se maintenir dans l'indépendance, même à son égard. Hippias eut recours aux Perses. Artapherne, gouverneur de Sardes, fit dire aux Athéniens, comme nous l'avons rapporté ci-dessus, qu'ils eussent à le rétablir dans son autorité, s'ils ne voulaient s'attirer sur les bras toute la puissance de Darius. Cette seconde tentative n'ayant pas mieux réussi que la première, Hippias attendit une occasion plus favorable. Nous verrons bientôt qu'il servit de guide et de conducteur aux généraux que le roi de Perse envoya contre la Grèce.

Athènes, depuis le recouvrement de sa liberté, était tout autre que sous les tyrans, et montrait un courage tout nouveau. Parmi ses citoyens, Miltiade fut celui qui se distingua le plus dans la guerre contre les Perses dont nous allons parler. Il était fils de Cimon, illustre Athénien. Celui-ci avait un frère de mère, non, de père, nommé aussi Miltiade, d'une maison fort noble et fort ancienne, originaire d'Egine, qui avait été reçu depuis peu au nombre des citoyens d'Athènes. Il y était fort puissant du temps même de Pisistrate, mais comme il souffrait avec peine son pouvoir despotique, il accepta avec joie l'offre qu'on lui fit d'aller s'établir avec une colonie dans la Chersonèse de Thrace, où il était appelé par les Dolonces, habitans du pays, pour être leur roi, ou, comme on parlait pour lors, leur tyran. Etant mort sans enfans, il laissa la souveraineté à Stésagore son neveu, fils aîné de son frère Cimon : et celui-ci étant mort aussi sans postérité, les fils de Pisistrate, qui gouvernaient alors la ville d'Athènes, avaient envoyé dans ce pays-là, pour lui succéder, Miltiade son frère, qui est celui dont nous parlons ici. Il y arriva et s'y établit l'année même que Darius entreprit la guerre contre les Scythes. Il accompagna ce prince avec quelques vaisseaux jusqu'au Danube; et ce fut lui qui conseilla aux Ioniens de rompre le pont, et de se retirer sans attendre Darius. Pendant son séjour dans la Chersonèse, Il épousa Hégésipyle *, fille d'Olore, un roi de Thrace du voisinage, de laquelle il eut Cimon, ce fameux général des Athéniens, dont il sera beaucoup parlé dans la suite. Miltiade ayant renoncé, pour plusieurs raisons ; à son établissement dans la Thrace, s'embarqua avec tout ce qu'il avait sur cinq vaisseaux, et fit voile vers Athènes. Il s'y établit de nouveau, et y acquit une grande réputation.

Dans le même temps, deux autres citoyens, plus jeunes que Miltiade, commençaient à se faire connaitre à Athènes,

» Après la mort de Miltiade, cette princesse eut d'un second mari un fils appelé Olore, du nom de son grand-père, qui fut père de Thucydide l'historien. (HÉROD. ib. [c. 39].)

savoir, Aristide et Thémistocle. Plutarque observe que le premier s'était formé sur le modèle de Clisthène, l'un des plus grands hommes de son temps, et zélé défenseur de la liberté, qui avait beaucoup contribué à la rétablir à Athènes, en chassant de cette ville les Pisistratides. C'était une salutaire coutume établie chez les anciens, et qu'il serait à souhaiter qui le fût aussi parmi nous, que les jeunes gens qui aspiraient aux charges s'attachassent particulièrement aux vieillards qui s'y étaient le plus distingués, et qu'ils apprissent par leurs conversations, et encore plus par leurs exemples, l'art de se bien conduire eux-mêmes; et de gouverner sagement les autres. C'est ainsi, dit Plutarque, qu'Aristide s'attacha à Clisthène, Cimon à Aristide; et il en rapporte plusieurs autres, parmi lesquels il met Polybe, dont nous avons parlé si souvent, qui se rendit le disciple assidu et l'imitateur fidèle du célèbre Philopémen.

Thémistocle et Aristide étaient d'un caractère très différent, mais il rendirent tous deux de grands services à la république. Thémistocle, qui penchait naturellement vers le gouvernement populaire, ne négligea rien pour se rendre agréable au peuple et pour se faire des amis, se montrant affable à tous, complaisant, toujours prêt à rendre service aux citoyens, qu'il connaissait tous par leurs noms, et n'était pas fort délicat sur les moyens qu'il employait pour leur faire plaisir. Ainsi, quelqu'un lui disant qu'il gouvernerait parfaitement, s'il conservait l'égalité parmi les citoyens, et qu'il ne penchât pas plus pour l'un que pour l'autre : « A Dieu ne plaise, répondit-il, « que je sois jamais assis sur un tribunal « où mes amis n'aient pas plus de crédit et « de faveur que les étrangers! » Cléon, qui parut quelque temps après à Athènes, garda une conduite toute opposée, mais qui n'était pas exempte de blâme. En entrant dans le maniement des affaires publiques, il assembla tous ses amis, et leur déclara que dès ce moment il renonçait à leur amitié, parce qu'elle pouvait être pour lui une occasion de manquer à son devoir et de commettre des injustices. C'était leur faire peu d'honneur, et juger d'eux peu favorablement. Mais, dit Plutarque, ce n'est pas à ses amis, mais à ses passions qu'il devait renoncer.

Aristide sut garder un sage tempérament entre ces deux excès vicieux. Porté pour l'aristocratie, à l'exemple de Lycurgue, dont il était grand admirateur, il marcha pour ainsi dire seul, ne cherchant point à plaire à ses amis aux dépens de la justice, toujours prêt néanmoins à leur rendre service quand il le pouvait justement. Il évitait avec grand soin d'employer la recommandation de ses amis pour arriver aux charges, craignant que ce ne fût pour lui un engagement dangereux, et pour eux un prétexte plausible d'exiger de lui les mêmes services en pareille occasion. Il avait coutume de dire que le véritable citoyen, l'homme de bien ne devait faire consister son crédit et son pouvoir qu'à pratiquer lui-même en toute occasion et à conseiller aux autres ce qui était honnête et juste.

Avec cette contrariété d'humeurs et de principes, il n'est pas étonnant que, pendant tout le temps de leur administration, il y ait eu une opposition continuelle entre eux. Thémistocle, qui était hardi et entreprenant, trouvait presque toujours à sa rencontre Aristide, qui se croyait obligé

de s'opposer à ses desseins, quelquefois
même lorsqu'ils étaient justes et utiles,
pour l'empêcher de prendre un ascendant
et une autorité qui serait devenue perni-
cieuse à la république. Un jour qu'il l'emporta sur Thémistocle, qui avait proposé
une chose fort avantageuse, il ne put se
retenir en sortant de l'assemblée, et dit
tout haut « qu'il n'y avait de salut pour les
« Athéniens qu'à les jeter tous deux dans
« le barathre : » c'était le lieu où l'on jetait
les coupables condamnés à mort. Mais
l'intérêt commun les réunissait; et quand
ils étaient près de partir pour une campagne ou pour quelque autre expédition, ils
convenaient ensemble de déposer, au sortir
de la ville, leurs dissensions, avec liberté
de les reprendre à leur retour s'ils le ju-
geaient à propos.

La passion dominante de Thémistocle
était l'ambition et l'amour de la gloire,
qui parut en lui dès ses plus tendres années. Après la bataille de Marathon, dont
nous parlerons bientôt, comme on célébrait partout la valeur et la conduite de
Miltiade, qui l'avait gagnée, on le voyait
le plus souvent renfermé en lui-même tout

pensif. Il passait les nuits entières sans fermer l'œil ; il ne se trouvait plus aux festins
publics, comme il avait coutume ; et lorsque ses amis, étonnés de ce changement,
lui en demandaient la raison, il leur répon-
dait que *les trophées de Miltiade ne lui laissaient point de repos.* Ils furent pour lui
comme une espèce d'aiguillon qui le piquait et l'animait sans cesse. Dès lors la
passion des armes saisit Thémistocle, et
s'empara entièrement de lui.

Pour Aristide, l'amour du bien public
était le grand mobile de toutes ses actions.
On admirait surtout en lui la constance et
la fermeté dans les changemens imprévus
auxquels sont exposés ceux qui se mêlent
du gouvernement, ne se laissant ni élever
par les honneurs qu'on lui rendait, ni abattre par les mépris et les refus qu'il avait
quelquefois à essuyer. Il conservait en tout sa
tranquillité et sa douceur ordinaire, persuadé qu'on doit se livrer à sa patrie et la servir
avec un parfait désintéressement, encore
plus du côté de la gloire que de celui des
richesses. L'estime générale qu'on faisait
de la droiture de ses intentions, de la pu-
reté de son zèle pour les intérêts de l'état,

et de la sincérité de sa vertu, parut un jour où l'on jouait une pièce d'Eschyle; car l'acteur ayant récité ce vers qui contenait l'éloge d'Amphiaraüs, *il ne veut point paraître homme de bien et juste, mais l'être effectivement*, tout le monde jeta les yeux sur Aristide, et lui en fit l'application.

Ce qu'on raconte de lui à l'occasion d'une charge qu'il exerça est tout-à-fait remarquable. Il ne fut pas plutôt élu trésorier-général de la république, qu'il fit voir que ceux qui l'avaient précédé dans cette charge avaient pillé de grosses sommes, et surtout Thémistocle; car celui-ci, avec tout son mérite, n'était pas sans reproche de ce côté-là. C'est pourquoi, lorsque Aristide voulut rendre ses comptes, Thémistocle fit une grosse brigue contre lui, le chargea d'avoir volé les deniers publics, et vint à bout de le faire condamner; mais les principaux de la ville et les plus gens de bien s'étant élevés contre un jugement si inique, non-seulement l'amende lui fut remise, mais on le nomma encore trésorier pour l'année suivante. Alors il fit semblant de se repentir de sa première administration. Se montrant donc plus traitable et plus facile, il trouva le secret de plaire à tous ceux qui pillaient la république : car il ne les reprenait point, et n'épluchait point exactement leurs comptes ; de sorte que tous ces pillards, engraissés de vols et de rapines, comblaient de louanges Aristide. Il lui était facile, comme on voit, de s'enrichir dans un poste comme celui-là, qui semble presque y inviter par les occasions qu'il en présente, surtout avec des officiers qui, ne songeant de leur côté qu'à piller, étaient tout préparés à dissimuler les vols de leur trésorier, à charge de retour.

Ils firent donc eux-mêmes des brigues auprès du peuple pour le faire continuer une troisième année dans la même charge.

Mais le jour de l'élection étant venu, comme tous les suffrages se réunissaient pour le nommer, Aristide, se levant, fit une forte réprimande aux Athéniens : « Quoi ! leur dit-il, quand j'ai administré vos finances avec toute la fidélité et toute la vigilance d'un homme de bien, j'ai essuyé de votre part les traitemens les plus durs et les plus humilians ; et aujourd'hui que je les ai abandonnées à tous ces voleurs publics, je suis un homme admirable et le meilleur des citoyens ! Je vous déclare donc que j'ai plus de honte de l'honneur que vous me faites en ce jour, que je n'en eus l'an passé de la condamnation que vous prononçâtes contre moi; et je vois avec douleur qu'il est plus glorieux ici d'user de complaisance envers les méchans, que de ménager et de conserver les biens de la république. » Par ce discours il ferma la bouche à tous ces voleurs publics, et s'acquit l'estime de tous les gens de bien.

Tel était le caractère de ces deux illustres Athéniens, qui commencèrent à faire connaître toute l'étendue de leur mérite dans le temps surtout que Darius attaqua la Grèce.

2. Darius envoie des hérauts dans la Grèce pour sonder les peuples, et pour demander qu'ils se soumettent.

(Av. J.-C. 493.) Ce prince, avant que de s'engager entièrement dans cette entreprise, jugea à propos de sonder les Grecs, et de savoir quelle était la disposition de ces différens peuples à son égard. Dans cette vue, il envoya des hérauts par toute la Grèce pour demander en son nom la terre et l'eau : c'était la manière dont les

Perses avaient coutume d'exiger la soumission de ceux qu'ils voulaient assujétir. A l'arrivée de ces hérauts, plusieurs villes de la Grèce, redoutant la puissance des Perses, firent ce qui leur était commandé. De ce nombre furent les habitans d'Egine, petite île située vis-à-vis et tout près d'Athènes. Cette conduite des Eginètes fut regardée comme une trahison publique. Les Lacédémoniens, à la prière de ceux d'Athènes, y envoyèrent Cléomène, l'un des deux rois de Sparte, pour se saisir des coupables. Les Eginètes refusèrent de lui obéir, apportant pour prétexte de ce refus, de ce qu'il ne venait point avec son collègue : c'était Démarate, l'autre roi, qui leur avait lui-même suggéré ce moyen. Aussitôt que Cléomène fut de retour à Sparte, pour se venger de cet affront, il entreprit de chasser du trône Démarate, comme n'étant point de la famille royale; et il y réussit par le secours de la prêtresse de Delphes, qu'il suborna pour rendre une réponse favorable à ses desseins. Démarate, ne pouvant souffrir une injure si ignominieuse, se bannit lui-même de sa patrie, et se retira vers Darius, qui le reçut à bras ouverts, et lui fit un établissement considérable dans la Perse. On lui donna pour successeur Leutychide. Il se joignit à son collègue, et s'étant rendus tous deux de concert à Egine, ils en enlevèrent dix des plus puissans citoyens; qu'ils confièrent à la garde des Athéniens, leurs ennemis déclarés. Cléomène étant mort quelque temps après, et la fraude qu'il avait faite à Delphes ayant été découverte, les Lacédémoniens voulurent obliger ceux d'Athènes à rendre les Eginètes; mais ils le refusèrent.

Les hérauts qui allèrent à Sparte et à Athènes n'y furent pas reçus aussi favorablement que ceux qui avaient été envoyés dans les autres villes. L'un fut jeté dans un puits, et l'autre dans une fosse profonde, avec ordre de prendre de là de l'eau et de la terre. Je serais moins étonné de ce traitement indigne s'il ne s'agissait que d'Athènes : c'est une suite et un effet du gouvernement populaire, brusque, impétueux, violent, ou rarement la raison est écoutée, et où l'on n'agit que par passion. Je ne reconnais point ici l'équité et la gravité spartaines. Ils pouvaient refuser ce qu'on leur demandait : mais traiter ainsi

des officiers publics, c'était violer ouvertement le droit des gens. Si l'on en croit les
historiens, ce crime ne demeura pas impuni. Talthybius, héraut d'Agamemnon,
était honoré à Sparte comme un dieu,
et y avait un temple. Il vengea l'injure
fuite aux hérauts du roi des Perses, et fit
sentir sa colère aux Lacédémoniens par
plusieurs accidens funestes. Ceux-ci, pour
l'apaiser, et pour expier leur faute,
envoyèrent, dans la suite, en Perse,
plusieurs de leurs principaux citoyens,
qui s'exposèrent volontairement à la mort
pour leur patrie. On les livra entre les
mains de Xerxès; mais ce prince les renvoya sans leur avoir fait souffrir aucun
mal. Pour les Athéniens, Talthybius fit
tomber sa colère sur la famille de Miltiade,
qui avait eu part au mauvais traitement
fait aux hérauts de Darius.

3. Défaite des Perses à Marathon par Miltiade.
Triste fin de ce général.

(Av. J.-C. 490.) Darius fit partir avec
empressement Datis et Artapherne, qu'il
avait nommés pour généraux à la place de
Mardonius. Leurs ordres portaient de mettre au pillage Érétrie et Athènes, d'en
brûler toutes les maisons et tous les tem-

ples, d'en faire prisonniers tous les habitans, et de les lui envoyer; et pour cet effet ils s'étaient munis d'un grand nombre de chaînes. Ils mirent à la voile avec une flotte de cinq ou six cents vaisseaux, et une armée de cinq cent mille hommes. Après s'être rendus maîtres sans peine des îles de la mer Égée, ils firent route vers Érétrie, ville de l'Eubée, qu'ils emportèrent, après un siège de sept jours, par la trahison de quelques-uns des principaux habitans, la réduisirent en cendres, mirent aux fers tous ceux qu'ils y trouvèrent, et les envoyèrent en Perse. Darius, contre leur attente, les traita avec bonté, et leur donna pour habitation un village du pays Cissie, qui n'était qu'à une tournée de Suse, où Apollone de Tyane trouva encore de leurs descendans six cents ans après.

Après l'expédition d'Erétrie, les Perses s'avancèrent vers l'Attique. Hippias les conduisit à Marathon, petite ville située sur le bord de la mer. Ils firent savoir à Athènes le sort d'Erétrie, et comment aucun de ces cytoyens ne leur avait échappé, espérant que cette nouvelle obligerait la ville de se rendre sur-le-champ. Les Athéniens avaient envoyé à Lacédémone demander du

secours contre l'ennemi commun, qui leur
fut accordé promptement et sans délibérer, mais qui ne put partir que quelques
jours après, à cause d'une coutume ancienne et d'une maxime superstitieuse de
religion, qui ne leur permettait de se mettre en marche qu'après la pleine lune. Aucun des autres alliés ne se mit en état de
les secourir, tant l'armée formidable des
Perses avait répandu partout la terreur.
Il n'y eut que ceux de Platée qui leur ame-
mèrent mille soldats. On fut obligé à Athènes, dans cette extrémité, de faire prendre
les armes aux esclaves, ce qui ne s'était
point encore pratiqué jusque-là.

L'armée des Perses, commandée par
Datis, était de cent mille hommes d'infanterie, et de dix mille chevaux. Celle des
Athéniens ne montait en tout qu'à dix mille
hommes. Elle était conduite par dix chefs,
dont Miltiade était le premier, qui devaient
commander successivement l'un après l'autre, chacun leur jour. Il y eut une grande
dispute parmi les chefs pour savoir s'il fallait hasarder le combat ou attendre l'ennemi dans la ville. Ce dernier avis l'em-
portait de beaucoup, et paraissait fort rai-

sonnable. Quelle apparence en effet d'aller avec une petite poignée de soldats à la rencontre d'une armée aussi nombreuse que celle des Perses? Miltiade se déclara pourtant pour l'avis contraire, et fit voir que l'unique moyen de relever le courage de leurs troupes, et de jeter la terreur parmi celles des ennemis, était de s'avancer vers elles avec un air de confiance et d'intrépidité. Aristide appuya fortement cet avis, et y fit revenir quelques autres, en sorte que les suffrages se trouvèrent également partagés. Miltiade alors s'adressa à Callimaque, qui était polémarque *, et avait droit de suffrage comme les dix chefs. Il lui représenta avec vivacité que le sort de la patrie était entre ses mains, que son suffrage allait décider si Athènes serait libre ou esclave, et qu'un mot sorti de sa bouche l'égalerait à Harmodius et Aristogiton, auteurs de la liberté dont jouissaient les Athéniens. Il le prononça ce mot, et se joignit au parti de Miltiade. Ainsi la bataille fut résolue.

* Le *Polémarque*, à Athènes, était un officier, un magistrat considérable, employé également à commander dans les troupes et à rendre la justice. Il en sera parlé ailleurs.

Aristide, faisant réflexion qu'un commandement qui change tous les jours est nécessairement faible, inégal, peu suivi, contraire souvent à lui-même, et ne peut avoir ni projet, ni exécution uniformes, crut que le danger était trop grand et trop pressant pour s'exposer à tous ces inconvéniens. Afin de les prévenir, il jugea nécessaire de réunir tout le pouvoir dans un seul; et pour y porter ses collègues, il en donna l'exemple le premier. Ainsi, quand le jour d'Aristide fut venu, il remit le commandement à Miltiade, comme plus habile et plus expérimenté que lui. Les autres en firent autant, l'amour du bien public étouffant en eux tout sentiment de jalousie, et l'on vit en ce jour qu'il est presque aussi glorieux de reconnaître le mérite dans les autres que de l'avoir soi-même. Miltiade cependant crut devoir attendre que son tour fût arrivé. Pour lors, en habile capitaine, il songea à regagner par l'avantage du poste ce qui lui manquait du côté du nombre. Il rangea son armée au pied d'une montagne, afin que l'ennemi ne pût l'envelopper et la prendre par les derrières. Il fit jeter sur les deux côtés de grands arbres qu'il avait fait couper exprès, afin de couvrir ses flancs, et de rendre inutile la cavalerie des Perses. Datis leur chef senti bien que le lieu ne lui était pas favorable mais comptant sur le nombre de ses troupes, infiniment supérieur à celui des ennemis, et d'ailleurs ne voulant pas attendre que le renfort des Lacédémoniens fût arrivé, il accepta le combat. Les Athénien n'attendirent pas qu'on vînt les attaquer Dès qu'on eut donné le signal, ils coururent de toutes leurs forces contre l'ennemi Les Perses regardaient cette première démarche comme une folie pour des gens qui étaient en si petit nombre, et absolument destitués de cavalerie et d'archers mais ils furent bientôt détrompés. Hérodote remarque que c'est ici la première fois que les Grecs allèrent ainsi au combat en courant; ce qui peut paraître étonnant En effet, n'était-il pas à craindre que la première impétuosité et la force de ces troupes ne fussent émoussées et affaiblies par cette course, et que les soldats, ayant rompu leurs rangs, n'arrivassent tout hors d'haleine, épuisés et en désordre, vers un ennemi qui, les attendant de pied ferme et

sans branler, devait, ce semblé, être plus
en état de soutenir avantageusement leur
choc? C'est ce qui engagea Pompée, dans
la bataille de Pharsale, à tenir ses troupes
immobiles, et à leur défendre de faire aucun mouvement jusqu'à ce que l'ennemi
vînt les attaquer; mais César blâme sa conduite. La raison, qu'il en apporte, c'est
que l'impétuosité de la course rempli d'un
certain enthousiasme et d'une fureur mar-
tiale l'ame des combattans, qu'elle donne
plus de force et de raideur aux coups qu'ils
portent, et qu'elle enflamme le courage,
qui est, si l'on peut parler ainsi, soufflé et
animé par le mouvement rapide de tant de
milliers d'hommes, comme la flamme par
le vent. Je laisse aux gens du métier à décider entre ces deux grands capitaines, et
je reviens à mon sujet.

Le combat fut rude et opiniâtre. Miltiade avait extrêmement fortifié ses deux
ailes, mais avait laissé le corps de bataille
plus faible et plus dégarni; et la raison en
paraît assez claire. N'ayant que dix mille
hommes à opposer à une si grande multitude d'ennemis, il ne pouvait ni faire un
grand front, ni donner à ses troupes une

égale profondeur. Il fallait donc opter; e
il crut que la victoire ne pouvait venir qu
des efforts qu'il ferait aux deux ailes pou
enfoncer et dissiper les deux ailes des Perses, bien persuadé que, quand ses deux
ailes seraient victorieuses, elles prendraient en flanc le corps de bataille de
ennemis, et acheveraient la victoire san
grand obstacle. C'est le même plan qu'Annibal se proposa à la bataille de Cannes
qui lui réussit si parfaitement, et qui n
peut guère manquer de réussir. Les barbares attaquèrent donc le corps de bataille des Grecs, et donnèrent surtout de
ce côté-là. Ils avaient en tête Aristide e
Thémistocle, qui les soutinrent long-temps
avec un courage intrépide, mais qui furen
enfin obligés de plier. Dans ce moment
survinrent les deux ailes victorieuses, qui
avaient défait et mis en fuite celle des
Perses. Ce fut fort à propos pour le corps
de bataille, qui commençait à se rompre,
et était accablé par le nombre des combattans; alors la déroute des Perses fut entière.
Ils prirent tous la fuite, non vers leur
camp, mais vers leurs vaisseaux, pour s'y
sauver. Les Athéniens les y poursuivirent

et mirent le feu à plusieurs de leurs vaisseaux. C'est dans cette occasion que Cynégire, frère du poëte Eschyle, qui se
tenait à un vaisseau pour y entrer avec les
fuyards *, ayant eu la main droite coupée,
tomba dans la mer et y périt. Les Athéniens se rendirent maîtres de sept vaisseaux. Il périt de leur côté, dans le combat,
près de deux cents hommes, et du côté
des Perses plus de six mille, sans compter
ceux qui tombèrent dans la mer en fuyant,
ou qui furent consumés par le feu qu'on
mit aux vaisseaux.

Hippias fut tué dans le combat. Cet in-
grat et perfide citoyen, pour recouvrer
l'injuste domination que Pisistrate, son
père, avait usurpée sur les Athéniens,
avait eu la lâcheté de se rendre servile-
ment le courtisan d'un roi barbare, et
d'implorer son secours contre ses propres
citoyens. Animé de haine et de vengeance,
il lui avait suggéré tous les moyens qu'il

* « Justin ajoute que Cynégire, ayant eu d'abord
la main droite, puis la gauche coupées à coups de
hache, il s'attacha encore au vaisseau avec les dents
sans vouloir quitter prise, tant il était acharné
contre l'ennemi. Récit purement fabuleux, et sans
aucune apparence de vrai.

10.

avait pu imaginer pour mettre sa patrie dans les fers, et lui-même s'était mis à la tête de ses ennemis pour réduire en cendres la ville qui lui avait donné le jour, et à qui il ne pouvait reprocher de crimes que celui de ne vouloir point le reconnaître pour son tyran. Une mort honteuse, qui devait être suivie de l'exécration de tous les siècles, fut la juste récompense d'une si noire perfidie.

Aussitôt après la bataille, un soldat athénien, encore tout fumant du sang des ennemis, se détacha de l'armée et courut de toutes ses forces à Athènes pour porter à ses concitoyens l'heureuse nouvelle de la victoire. Quand il fut arrivé à la maison des magistrats, il ne leur dit que deux mots : réjouissez-vos, nous sommes vainqueurs ; et tomba mort à leurs pieds.

Les Perses avaient tellement compté sur la victoire, qu'ils avaient apporté du marbre à Marathon pour y ériger un trophée. Les Grecs se saisirent de ce marbre, et en firent faire par Phidias une statue à la déesse Némésis *, qui avait un temple près du lieu où se donna le combat.

* C'était la déesse chargée de venger les injustices.

La flotte persane, au lieu de prendre le chemin des îles pour regagner l'Asie, doubla le cap de Sunium, dans le dessein de surprendre Athènes avant que les Athéniens pussent y être arrivés pour la secourir. Mais ceux-ci marchèrent au secours de leur patrie avec neuf tribus, et ils firent tant de diligence, qu'ils arrivèrent le jour même. De Marathon à Athènes il y a environ quarante milles, c'est-a-dire plus de quinze lieues*. C'était beaucoup pour une armée qui avait essuyé la fatigue d'un long et rude combat. Ainsi le dessein des Perses avorta.

Aristide, laissé seul à Marathon avec sa tribu pour garder les prisonniers et le butin, ne trompa pas la bonne opinion qu'on avait de lui; car l'or et l'argent étant semés çà là dans le camp ennemi, et toutes les tentes, aussi bien que toutes les galères qu'on avait prises étant pleines d'habits et de meubles magnifiques, et de toutes sortes de richesse sans nombre, non seulement il ne fut pas tenté d'y toucher, mis il empêcha que les autres n'y touchassent.

* La distance au juste n'est que de 17 milles géographiques, ou environ 6 lieues, en comptant un huitième pour les détours.

Dès que le jour de la pleine lune fut passé, les Lacédémoniens se mirent en chemin avec deux mille hommes, et, ayant fait toute la diligence possible, ils arrivèrent dans l'Attique après une marche forcée de trois jours, où ils firent 1200 stades de chemin, c'est-à-dire 70 lieues *. La bataille avait été donnée la veille. Ils ne laissèrent pas d'aller jusqu'à Marathon, dont ils virent les campagnes couvertes de corps morts et de richesses. Après avoir félicité les Athéniens sur l'heureux succès de la bataille, ils retournèrent dans leur pays.

Une vaine et ridicule superstition les empêcha d'avoir part à l'action la plus glorieuse dont il soit parlé dans l'histoire; car il est presque sans exemple qu'une petite poignée de gens, comme étaient les Athéniens, non-seulement ait tenu tête à une armée aussi nombreuse que celle des Perses, mais l'ait entièrement dissipée et mise en fuite. On est étonné de voir une puissance si formidable venir échouer contre une petite ville, et l'on est presque

* 1200 stades grecs ou olympiques ne font que 40 lieues.

tenté de refuser sa croyance à un événement qui paraît si peu vraisemblable, et qui est cependant très certain. Cette bataille seule fait voir ce que peut l'habileté d'un général qui sait prendre ses avantages, l'intrépidité de soldats qui ne craignent point la mort, le zèle pour la patrie, l'amour de la liberté, la haine et la détestation de l'esclavage et de la tyrannie, sentimens naturels aux Athéniens, mais dont la vivacité était sans doute beaucoup augmentée en eux par la présence seule d'Hippias, qu'ils redoutaient d'avoir de nouveau pour maître après tout ce qui s'était passé.

Platon, en plus d'un endroit, prend à tâche de relever la journée de Marathon, et il veut qu'on la regarde comme la source et la première cause de toutes les victoires qui ont été remportées depuis. En effet, c'est elle qui ôta à la puissance persane cette terreur qui la rendait si formidable, et qui faisait tout plier devant elle; qui apprit aux Grecs à connaître leurs forces, et à ne pas trembler devant un ennemi qui n'avait de terrible que le nom; qui leur fit comprendre que la victoire ne dépend point

du nombre, mais du courage des troupes;
qui mit dans tout son jour la gloire qu'il y
a à sacrifier sa vie pour le salut de la patrie et pour la conservation de la liberté;
qui les remplit enfin, pendant toute la suite
des siècles, d'une noble émulation et d'un
vif desir d'imiter leurs ancêtres, et de ne
point dégénérer de leur vertu : car, dans
toutes les occasions importantes, on leur
remettait devant les yeux Miltiade et sa
troupe invincible, c'est-à-dire une petite
armée de héros, dont le courage intrépide
avait fait tant d'honneur à Athènes.

On rendit aux morts sur-le-champ tout
l'honneur qui leur était dû. On leur érigea
à tous, dans le lieu même où la bataile s'é-
tait donnée, d'illustres monumens, où
leurs noms et celui de leurs tribus étaient
marqués. On en construisit trois séparé-
ment, l'un pour les Athéniens, l'autre
pour les Platéens, et un troisième pour les
esclaves qu'on avait armés dans cette occasion. Dans la suite on y ajouta le tombeau
de Miltiade.

Je ne dois pas omettre ici la réflexion de
Cornélius Népos, l'historien, sur ce que
firent les Athéniens pour honorer la mé-

moire de leur général. Autrefois, dit-il en parlant des Romains, nos ancêtres récompensaient la vertu par des marques de distinction peu fastueuses, mais qu'ils accordaient rarement, et qui, par cette raison-là même, étaient d'un grand prix, au lieu que, maintenant qu'elles sont prodiguées, on n'en fait nul cas. Il en a été ainsi, ajoute-t-il, parmi les Athéniens : tout l'honneur qu'on rendit à Miltiade, le libérateur d'Athènes et de toute la Grèce, fut que, dans le tableau où les Athéniens firent peindre la bataille de Marathon, on le représenta à la tête des dix chefs, exhortant les soldats, et leur donnant l'exemple. Mais ce même peuple, dans les siècles postérieurs, devenu plus puissant, et corrompu par les flatteries de ses orateurs, décerna trois cents statues à Démétrius de Phalère.

Plutarque fait la même réflexion, et il remarque sagement que l'honneur qu'on rend aux grands hommes ne doit pas être regardé comme la récompense de leurs belles actions, mais simplement comme la marque de l'estime qu'on en fait, dont on veut par là perpétuer le souvenir. Ce n'est donc pas la richesse ni la magnificence des monumens publics qui en fait le prix, ni qui les rend durables, mais la sincère reconnaissance de ceux qui les érigent. Les trois cents statues de Démétrius de Phalère furent toutes renversées de son vivant même, et le tableau où le courage de Miltiade était représenté subsista plusieurs siècles après lui.

Ce tableau était placé à Athènes dans une galerie qui était ornée et enrichie de différentes peintures, toutes excellentes et de la main des meilleurs maîtres, et qui, pour cette raison, fut appelée *Pécile*, d'un mot grec qui signifie *variée*. Le célèbre Polygnote, qui était de l'île de Thasos, l'un des premiers peintres de son temps, avait peint ce tableau, du moins pour la plus grande partie ; et comme il se piquait d'honneur, et était plus sensible à la gloire qu'à l'intérêt, il l'avait fait gratuitement, et sans vouloir en tirer aucune récompense. Athènes le paya en une monnaie qui était de son goût, en lui décernant, par l'ordre des Amphyctyons, un logement public dans la ville, où il pourrait demeurer tant qu'il lui plairait.

La reconnaissance des Athéniens à l'é-
gard de Miltiade ne fut pas de longue
durée. Après la bataille de Marathon, il
avait demandé et obtenu une flotte de
soixante et dix vaisseaux, pour aller punir
et soumettre les îles qui avaient favorisé
les barbares. Il en subjugua plusieurs;
mais ayant mal réussi dans l'île de Paros,
et sur un faux bruit de l'arrivée de la
flotte ennemie, s'étant cru obligé de lever
le siège qu'il avait mis devant la principale
ville, où il avait reçu une blessure fort
dangereuse, il revint à Athènes avec sa
flotte; et il y fut appelé en jugement par
un citoyen nommé Xantippe, qui l'accusa
d'avoir levé ce siège par trahison, et après
avoir reçu de grandes sommes du roi des
Perses. Quelque peu de vraisemblance
qu'eût cette accusation, elle prévalut
contre le mérite et l'innocence de Miltiade.
Il fut condamné à perdre la vie, et à être
jeté dans le barathre, qui était le lieu où
l'on précipitait les coupables convaincus
des plus grands crimes. Le magistrat
s'opposa à l'exécution d'un jugement si
inique. Toute la grace qu'on fit au libérateur de la patrie fut de commuer la sen-

tence de mort en une amende de cinquante mille écus, qui était la somme où montaient les frais de la flotte qu'on avait équipée sur ses remontrances et ses avis. Comme il était hors d'état de la payer, il fut mis en prison, et y mourut de la blessure qu'il avait reçue à Paros. Cimon, son fils qui était alors fort jeune, signala en cette occasion sa piété, comme nous verrons dans la suite qu'il signala son courage. Il acheta la permission d'ensevelir le corps de son père, en payant pour lui les cinquante mille écus auxquels il avait été condamné, somme qu'il ramassa du mieux qu'il put dans la bourse de ses parens et de ses amis.

Cornélius-Népos remarque que ce qui engagea principalement les Athéniens à en user ainsi à l'égard de Miltiade, fut son nom et même sa grande réputation, qui fit craindre au peuple, délivré assez récemment du joug de la servitude sous Pisistrate, que celui-ci, qui avait été autrefois tyran dans la Chersonèse, ne voulût le devenir à Athènes. Ainsi il aima mieux punir un innocent que d'avoir toujours devant les yeux un tel sujet de crainte. C'est ce

même principe qui établit l'ostracisme à
Athènes. J'ai rapporté ailleurs les raisons
les plus plausibles sur lesquelles pouvait
être fondé l'ostracime. Mais il est difficile d'excuser pleinement une si étrange
politique, à qui tout mérite devient suspect, et qui convertit la vertu même en
crime.

On le vit bien clairement dans l'exil
d'Aristide. Son attachement inviolable à
la justice l'obligea en plusieurs occasions
de s'opposer à Thémistocle, qui ne se piquait pas de délicatesse sur ce point, et
qui mit en usage toutes sortes d'intrigues et
de cabales pour écarter tous les suffrages du
peuple pour un rival qu'il trouvait toujours
contraire à ses desseins ambitieux. Il parut
bien dans cette occasion qu'on peut être
supérieur en mérite et en vertu sans
l'être en crédit. L'éloquence impétueuse
de Thémistocle l'emporta sur la justice
d'Aristide, et il vint à bout de le faire
bannir. Dans cette sorte de jugement, les
citoyens donnaient leurs suffrages en
écrivant le nom de l'accusé sur une coquille,
appelée en grec, *ostracon*, d'où est venu
l'ostracisme. Ici un paysan qui ne savait

pas écrire, et qui ne connaissait pas Aristide, s'adressa à lui-même pour le prier de
mettre le nom d'Aristide sur sa coquille.
« Cet homme vous a-t-il fait quelque mal,
lui dit Aristide pour le condamner ainsi?
Non, répliqua l'autre; je ne le connais pas
même; mais je suis fatigué et blessé de l'entendre partout appeler le juste. » Aristide,
sans répondre une seule parole, prit tran-
quillement la coquille, y écrivit son nom,
et la lui rendit. Il partit pour son exil, en
priant les dieux de ne pas permettre qu'il
arrivât à sa patrie aucun accident qui le fît
regretter. Le grand Camille, en un cas tout
semblable, n'imita point sa générosité, et
fit une prière toute contraire, en deman-
dant aux dieux de forcer sa ville ingrate,
par quelque malheur, à avoir besoin de lui,
et à le rappeler au plus tôt.

Heureuse république, s'écria Valère-
Maxime, en parlant de l'exil d'Aristide,
qui a pu, après un si indigne traitement
fait au plus homme de bien qu'elle ait jamais eu, trouver encore des citoyens attachés avec zèle et fidélité à son service!

§ VIII. Quand Datius apprit la défaite
de son armée à Marathon, il entra dans une

grande colère; et ce mauvais succès, loin de le décourager, et de le détourner de la guerre contre la Grèce, ne fit que l'animer à la poursuivre et à la pousser avec plus de vigueur, pour se venger en même temps et de l'incendie de Sardes, et de la honte reçue à Marathon. Ainsi résolu de marcher en personne avec toutes ses forces, il envoya ordre à tous ses sujets, dans toutes les provinces de son empire, de s'armer pour cette expédition.

(Av. J.-C. 487.) Après avoir employé trois ans à ces préparatifs, il eut à soutenir une nouvelle guerre par la révolte de l'Égypte. Il paraîtrait, par ce qu'on lit dans Diodore de Sicile, que Darius y alla lui-même pour l'apaiser, et en vint à bout. Cet historien raconte que, ce prince voulant y faire mettre sa statue avant celle de Sésostris, le grand-prêtre des Egyptiens, lui représenta qu'il n'avait pas encore égalé la gloire de ce conquérant, et que le roi, loin d'être choqué de la liberté de l'E-gyptien, répondit qu'il travaillerait à la surpasser. Diodore ajoute que Darius, détestant la cruauté impie dont Cambyse, son prédécesseur, avait usé en Egypte, témoigna beaucop de respect pour les dieux et pour leurs temples, qu'il eut plusieurs entretiens avec les prêtres égyptiens sur ce qui regarde la religion et le gouvernement, et qu'ayant appris d'eux avec quelle douceur leurs anciens rois traitaient leurs sujets, il s'était appliqué, après son retour en Perse, à se former sur un modèle. Mais Hérodote, plus digne de foi en cela que Diodore, marque seulement que ce prince, résolu de punir tout à la fois ses sujets révoltés et de se venger de ses anciens ennemis, se détermina à leur faire la guerre en même temps, et à tomber lui-même en personne sur la Grèce avec le gros de ses troupes, pendant qu'il en emploierait une autre partie pour réduire l'Egypte.

(Av. J.-C. 485.) Selon un ancien usage des Perses, il n'était point permis à leur roi d'aller à la guerre sans avoir nommé celui qui devait monter sur le trône après lui; coutume sagement établie, pour ne point exposer l'état aux troubles qui accompagnent ordinairement l'incertitude du successeur, les inconvéniens de l'anarchie, et les cabales des divers prétendans. Darius, avant que de s'engager dans l'ex-

pédition contre la Grèce, se crut obligé de
satisfaire à cette loi, d'autant plus qu'il
était avancé en âge, et qu'il y avait une
dispute entre deux de ces enfans au sujet
de la succession à l'empire, qui pourrait
exciter une guerre civile après sa mort,
s'il laissait ce différend indécis. Darius
avait trois fils de sa première femme, fille
de Gobryas, tous trois nés avant qu'il fût
parvenu à la couronne; et quatre autres
d'Atosse, fille de Cyrus, qui étaient nés
depuis qu'on l'avait choisi pour roi. Artabazane, appelé par Justin Artémène, était
l'aîné des premiers, et Xerxès des seconds.
Artabazane alléguait en sa faveur qu'étant
l'aîné de tous ses frères, la coutume et l'u-
sage de toutes les nations lui adjugeaient
la succession préférablement à tout autre.
Xerxès répliquait qu'il était fils de Darius
par Atosse, fille de Cyrus, qui avait fondé
l'empire des Perses, et qu'il était plus juste
que la couronne de Cyrus tombât à un de
ses descendans qu'à un autre qui ne l'était
pas. Démarate, roi de Lacédémone, qui,
après avoir été déposé injustement pas ses
sujets, vivait alors en exil à la cour de
Perse, lui suggéra secrètement une autre

raison, c'est qu'Artabazane était à la vérité le fils de Darius, mais que lui Xerxès était le fils aîné du roi ; qu'ainsi Artabazane étant né lorsque son père n'était encore qu'homme privé, il ne pouvait prétendre par son droit d'aînesse qu'à ses biens propres; mais que, pour lui étant le fils aîné du roi, le droit de succéder à la couronne lui appartenait. Il appuya cette raison de l'exemple des Lacédémoniens , qui n'appelaient à la succession du royaume que les enfans qui étaient nés depuis que leur père était roi. La succession fut adjugée à Xerxès.

Justin, aussi bien que Plutarque , place cette dispute après la mort de Darius. L'un et l'autre font remarquer la sage conduite de ces deux frères dans une conjoncture si délicate. Selon cette autre manière de rapporter le même fait, Artabazane était absent quand le roi mourut. Xerxès prit aussitôt toutes les marques de la royauté, et en exerça les fonctions. Dès que son frère fut arrivé, il quitta le diadème et la tiare , qu'il portait d'une manière qui ne convenait qu'au roi, alla au-devant de lui, et le combla d'honnêtetés. Ils convinrent

de prendre pour arbitre de leur différend
Artabazane leur oncle, et de s'en rapporter
sans appel à son jugement. Pendant tout
le temps que dura cette dispute, les deux
frères se donnèrent réciproquement toutes
les marques d'une amitié véritablement
fraternelle, se faisant des présens, et se
donnant même des repas, d'où l'estime et
la confiance mutuelles écartaient de part
et d'autre toute crainte et tout soupçon,
et y faisaient régner une joie pure et une
pleine sécurité : spectacle bien digne d'admiration, s'écrie Justin, de voir que, pendant que la plupart des frères se disputent
presqu'à main armée un médiocre patri-
moine, ceux-ci attendaient avec une modération si tranquille un jugement qui devait décider du plus grand empire qui fût
dans l'univers. Quand Artabazane eut pro-
noncé en faveur de Xerxès, dans le moment même son frère se prosterna devant
lui, le reconnaissant pour son maître, et le
plaça de sa propre main sur le trône, montrant par cette conduite une grandeur
d'ame véritablement royale et infiniment
supérieure à toutes les grandeurs humaines. Ce prompt acquiescement à une sen-

tence si préjudiciable à ses intérêts n'était point l'effet d'une adroite politique qui sait dissimuler dans l'occasion, et se faire honneur de ce qu'elle ne peut empêcher ; c'était respect pour les lois, vraie affection pour un frère, et indifférence pour ce qui pique si vivement l'ambition des hommes, et arme souvent les plus proches les uns contre les autres. Pour lui, il demeura toujours attaché aux intérêts de Xerxès avec tant d'ardeur, qu'il perdit la vie à son service dans la bataille de Salamine.

En quelque temps que cette dispute doive être placée, il est constant que Darius ne put exécuter la double expédition qu'il méditait, l'une contre l'Egypte, et l'autre contre la Grèce, et qu'il fut prévenu par la mort. Il avait régné trente-six ans.

L'épitaphe de ce prince, où il se vante d'avoir eu le mérite de boire beaucoup et de bien porter le vin, montre que c'était là véritablement une gloire chez les Perses. Nous verrons dans la suite que le jeune Cyrus s'attribuait cette qualité, comme une perfection qui le rendait plus digne du sceptre que ne l'était son aîné. Qui de nous s'aviserait de mettre un tel mérite parmi les qualités d'un bon roi ?

Darius avait d'excellentes qualités, mais qui étaient mêlées de plusieurs défauts ; et l'empire se sentit des unes et des autres. Car telle est la condition des rois : ils ne vivent et n'agissent point pour eux seuls. Tout ce qu'ils font, soit en bien, soit en mal, ils le font pour leurs sujets et leurs intérêts sont inséparables. On voyait en lui un fonds de douceur, d'équité, de clémence, de bonté pour les peuples : il aimait la justice, et respectait les lois : il estimait le mérite, et le récompensait : il n'était point jaloux de son rang ni de son autorité jusqu'à exiger des respects forcés, et à se rendre presque inaccessible : quelque habile qu'il fût par lui-même, il écoutait les avis, et savait en profiter : c'est de lui que l'Ecriture sainte dit qu'il ne faisait rien sans consulter les sages de sa cour : *interrogavit sapientes....et illorum faciebat cuncta consilio* : il payait de sa personne dans les combats, où il gardait toujours son sang-froid ; et il disait de lui-même que le danger le plus vif et le plus pressant ne servait qu'à augmenter son courage et sa prudence. Enfin il y a peu de princes plus habiles que lui dans l'art de régner, et plus expérimentés dans la guerre. La gloire de conquérant, si c'en est une véritable, ne lui manqua pas ; car non-seulement il rétablit et affermit entièrement l'empire de Cyrus, qui avait été fort ébranlé par Cambyse et par le Mage : il y ajouta encore plusieurs grandes et riches provinces, et en particulier les Indes, la Thrace, la Macédoine, et les îles qui baignent les côtes de l'Ionie.

Mais quelquefois ces bonnes qualités faisaient place à des défauts tout opposés. Reconnaît-on la bonté et la douceur de Darius dans le traitement qu'il fit à ce père infortuné, qui de trois fils qu'il avait le pria de lui en laisser un pendant que les autres le suivraient dans ses campagnes ? Y eut-il jamais occasion où le conseil fut plus nécessaire que dans le dessein qu'il forma de porter la guerre contre les Scythes ; et pouvait-on lui en suggérer un plus sage que celui que lui donna son frère ? Il ne l'écouta pas. Paraît-il dans toute cette expédition aucune marque de sagesse ou de prudence ? et n'y voit-on pas partout un prince enivré de sa grandeur, qui croit que rien ne lui peut résister, et en qui la folle ambition de se signaler par une conquête extraordinaire étouffe tout ce qu'il avait montré jusque là de bon sens, de jugement, d'habileté même dans la guerre ?

Ce qui fait la solide gloire de Darius c'est d'avoir été choisi de Dieu même aussi bien que Cyrus, pour être l'instrument de ses miséricordes sur son peuple, le protecteur déclaré des Israélites et le restaurateur du temple de Jérusalem. On en peut voir l'histoire dans Esdras, et dans les prophètes Aggée et Zacharie.

CHAPITRE II.

HISTOIRE DE XERXÈS JOINTE A CELLE DES GRECS.

Le règne de Xerxès n'a été que de douze ans, mais il est rempli de grands évènemens.

§ I. Xerxès étant monté sur le trône, employa la première année de son règne à continuer les préparatifs que son père avait commencés pour la réduction de l'Egypte. Il confirma aux Juifs de Jérusalem tous les privilèges qui leur avaient été accordés par son père, particulièrement celui qui leur assignait le tribut de Samarie pour se fournir de victimes dans le culte qu'ils rendaient à Dieu dans son temple.

La seconde année de son règne, il marcha contre les Egyptiens; et, après avoir vaincu et subjugué ces rebelles, il appesantit le joug de leur servitude; et ayant donné le gouvernement de cette province à son frère Achémène, il revint vers la fin de l'année à Suse.

Le fameux historien Hérodote naquit cette année à Halicarnasse en Carie. Car il avait 53 ans lorsque la guerre du Péloponèse commença.

Xerxès, enflé du succès qu'il avait eu contre les Egyptiens, résolut de faire la guerre aux Grecs (il ne prétendait plus, disait-il, qu'on achetât pour lui des figues de l'Attique qui étaient excellentes, et ne voulaient en manger que lorsque le pays lui appartiendrait). Avant que de s'engager dans une entreprise de cette importance, il crut devoir assembler son conseil, et prendre les avis de tout ce qu'il y avait de plus grands et de plus illustres personnages à sa cour. Il leur proposa le dessein qu'il avait de porter la guerre contre la Grèce. Ses motifs étaient, le désir d'imiter ses prédécesseurs, qui tous avaient illustré leur nom et leur règne par de nobles entreprises, l'obligation où il était de venger l'insolence des Athéniens, qui avaient osé attaquer Sardes, et l'avaient réduite en cendres; la nécessité de réparer l'affront reçu à la bataille de Marathon; l'espérance des grands avantages qu'on pourrait tirer de cette guerre, qui entraînerait après elle la conquête de l'Europe, le plus riche et le plus fertile pays qui fût dans l'univers. Il ajoutait que cette guerre avait déjà été résolue par son père Darius, dont il ne faisait que suivre et exécuter les intentions; et il finit en promettant de grandes récompenses à ceux qui s'y distingueraient par leur valeur.

Mardonius, le même qui sous Darius avait si mal réussi, mais que ses mauvais succès n'avaient pas rendu plus sage ni moins ambitieux, et qui desirait extrémement d'avoir le commendement des troupes, parla le premier. Il commença par elever Xerxès au-dessus de tous les rois qui l'avaient précédé, et de tous ceux qui devaient le suivre. Il montra l'indispensable nécessité de venger l'injure faite au nom persan. Il décria les Grecs, comme des peuples lâches et timides, sans courage, sans force, sans expérience de la guerre. Il en apporta pour preuve la conquête que lui-même avait faite de la Macédoine, qu'il exagéra avec des termes pleins de faste et de vanité, montrant qu'il n'avait trouvé aucune résistance. Il ne craignait pas d'assurer qu'aucun peuple de la Grèce n'oserait venir à la rencontre de Xerxès, qui marchait avec toutes les forces de l'Asie ; et que, s'ils avaient la témérité de se présenter devant lui, ils apprendraient à leurs dépens que les Perses étaient les peuples de la terre les plus guerriers et les plus courageux.

Comme on s'aperçut que ce discours flateur plaisait extrêmement au roi, personne, dans le conseil, n'osait le contredire, et tous gardaient le silence. C'était une suite presque inévitable de la manière dont Xerxès s'était expliqué. Un prince sage, quand il propose une affaire dans son conseil, et qu'il desire sincèrement qu'on lui

dise la vérité, a une extrême attention à
cacher ses propres sentimens, pour ne
point gêner ceux des autres, et pour leur
laisser une entière liberté. Xerxès au contraire avait marqué ouvertement son pen-
chant ou plutôt sa détermination pour la
guerre. Quand cela est ainsi, les flatteurs,
qui sont artificieux, empressés à s'insinuer
et à plaire, toujours prêts à entrer dans
les passions de celui qui consulte, ne man-
quent pas d'appuyer son sentiment par des
raisons spécieuses et plausibles; pendant
que ceux qui seraient capables de donner
de bons conseils, sont retenus par la
crainte, y ayant peu de courtisans qui ai-
ment assez le prince, et qui soient assez
courageux, pour oser lui déplaire en
combattant son goût.

Les louanges excessives que Mardonius
donnait à Xerxès, langage ordinaire des
flateurs, aurait dû le lui rendre suspect, et
lui faire craindre que ce seigneur, sous une
apparence de zèle pour sa gloire, ne ca-
chât son ambition, et le desir violent qu'il
avait dé commander l'armée. Mais ces paroles douces et flatteuses, qui se glissent
comme un serpent sous les fleurs, loin de

déplaire aux princes, les charment et les entraînent. Ils ne savent pas qu'on ne les loue que parce qu'on les croit faibles, et assez vains pour se laisser tromper par des louanges disproportionnées à leurs mérites et à leurs actions.

Voilà ce qui ferma la bouche à tous ceux qui étaient dans le conseil. Dans ce silence général, Artabane, oncle de Xerxès, prince recommandable par son âge et par sa prudence, eut le courage de prendre la parole. « Grand roi, dit-il, en s'adressant à « Xerxès, souffrez que je dise ici mon sen- « timent avec la liberté qui convient à mon « âge et à vos intérêts. Quand Darius, votre « père et mon frère, songea à porter la « guerre contre les Scythes, je fis tout « mon possible pour l'en détourner. Vous « savez ce que lui coûta cette entreprise, « et quel en fut le succès. Les peuples que « vous allez attaquer, sont infiniment plus « à craindre que les Scythes. Les Grecs « passent pour être et sur mer et sur terre « les meilleures troupes qu'il y ait. Si les « Athéniens seuls ont pu défaire l'armée « nombreuse commandée par Datis et par « Artapherne, que faut-il attendre de

« tous les peuples de la Grèce réunis en-
« semble? Vous songez à passer d'Asie Eu-
« rope en jetant un pont sur la mer. Et que
« deviendrons-nous, si les Athéniens vain-
« queurs font avancer leur flotte vers ce
« pont, et le rompent? Je tremble encore,
« quand je pense que dans l'expédition de
« Scythie, on fit dépendre la vie du roi
« votre père et le salut de toute l'armée de
« la bonne foi d'un seul homme, et que,
« si Hystiée le Milésien eût, comme on l'y
« exhorta fortement, rompu le pont qu'on
« avait jeté sur le Danube, c'en était fait
« de l'empire Persan. Ne vous exposez
« point, Seigneur, à un pareil danger, d'au-
« tant plus que rien ne vous y oblige.
« Prenez du temps pour y réfléchir. Quand
« on a délibéré mûrement sur une affaire,
« quel qu'en soit le succès, on n'a rien à se
« reprocher. La précipitation, outre qu'elle
« est imprudente, est presque toujours
« malheureuse, et suivies de funeste effets.
« Surtout, grand prince, ne vous laissez
« point éblouir, ni par le vain éclat d'une
« gloire imaginaire, ni par le pompeux
« appareil de vos troupes. Ce sont les ar-
« bres les plus élevés qui ont le plus à

« craindre de la foudre. Comme Dieu seul
« est grand, il est ennemi de l'orgueil, et
« il se plaît à abaisser tout ce qui s'élève ;
« et souvent les plus nombreuses armées
« fuient devant une poignée d'hommes,
« parce qu'il remplit ceux-ci de courage,
« et jette la terreur parmi les autres. »

Après qu'Artabane eut ainsi parlé au roi,
il se tourna vers Mardonius, et lui reprocha le peu de sincérité ou de jugement qu'il
avait fait paraître, en donnant au roi une
idée des Grecs entièrement contraire à la
vérité, et le tort extrême qu'il avait de
vouloir engager témérairement les Perses
dans une guerre, qu'il ne souhaitait que par
des vues d'ambition et d'intérêt. « Au reste,
« ajouta-t-il, si l'on conclut pour la guerre,
« que le roi, dont la vie nous est chère,
« demeure en Perse ; et pour vous, puis
« que vous le desirez si fortement, marchez
« à la tête des armées les plus nombreuses
« que vous aurez pu amasser. Cependant
« qu'on mette quelque part en dépôt vos
« enfans et les miens, pour répondre du
« succès de la guerre. S'il est favorable,
« je consens que mes enfans soient mis
« à mort : mais s'il est tel que je le prévois,

« je demande que vos enfans, et vous-
« même, à votre retour, soyez traités
« comme le mérite le téméraire conseil que
« vous donnez à votre maître. »

Xerxès, qui n'était pas accoutumé à se
voir contredire de la sorte, entra en fureur. « Remerciez les Dieux, dit-il à Ar-
« tabane, de ce que vous êtes le frère de
« mon père, sans quoi vous porteriez dans
« le moment même la juste peine de votre
« audace. Mais je vous en punirai autre-
« ment, en vous laissant ici parmi les fem-
« mes, à qui vous ressemblez par votre lâ-
« che timidité, pendant qu'à la tête de mes
« troupes je marcherai où mon devoir et
« ma gloire m'appelle. »

Le discours d'Artabane était très mesuré
et très respectueux : cependant Xerxès en
fut extrêmement choqué. C'est le malheur
des princes gâtés par la flatterie, de trouver sec et austère tout ce qui est sincère et
ingénu, et de traiter de hardiesse sédi-
tieuse tout conseil libre et généreux. Ils ne
font pas réflexion qu'un homme de bien
même n'ose jamais leur dire tout ce
qu'il pense, ni leur découvrir la vérité tout
entière, surtout dans les choses qui pen-

veut leur être désagréables; et que le plus pressant besoin qu'ils aient, c'est de trouver un ami sincère et fidèle qui ne leur cache rien. Un prince se doit croire trop heureux, quand il naît un seul homme sous son règne avec cette générosité qui est le plus précieux trésor de l'État ; et, s'il était permis de s'exprimer ainsi, l'instrument de la royauté le plus nécessaire et le plus rare.

Xerxès le reconnut dans l'occasion dont il s'agit. Quand son premier emportement de colère fut passé, et que la nuit lui eut laissé le loisir de faire réflexion sur les deux différens avis qu'on lui avait donnés, il reconnut qu'il avait eu tort de maltraiter de paroles son oncle, et il ne rougit pas de réparer sa faute le lendemain en plein conseil, avouant nettement que le feu de la jeunesse et son peu d'expérience l'avaient fait manquer à ce qu'il devait à un prince aussi respectable qu'était Artabane, et par son âge et par sa sagesse; qu'il se rangeait de son avis, malgré un songe qu'il avoit eu la nuit, où un fantôme l'avait vivement exhorté à entreprendre cette guerre. Tous ceux qui composaient le conseil, furent ravis d'entendre ce discours, et témoignèrent leur joie en se prosternant tous devant le roi, et relevant à l'envi la gloire de cette démarche, sans que de telles louanges pussent être suspectes; car on discerne aisément si celles qu'on donne aux princes, partent du cœur et naissent de la vérité, ou si elles ne sont que sur les lèvres, et un pur effet de la flatterie. Cet aveu, si sincère et si humiliant, loin de leur paraître une faiblesse dans Xerxès, fut regardé comme l'effort d'une grande ame, qui s'élève au-dessus de ses propres fautes, en les avouant avec courage pour les réparer. Ils admirèrent d'autant plus la noblesse de cette démarche, qu'ils savaient que les princes, élevés comme Xerxès dans une vaine hauteur et une fausse gloire, ne veulent jamais avoir tort, et n'emploient pour l'ordinaire leur autorité qu'à soutenir avec fierté les fautes qu'ils ont faites par ignorance ou par imprudence. On peut dire qu'il est plus glorieux de se relever ainsi, que de n'être jamais tombé. En effet, rien n'est plus grand, ni en même temps plus rare, que de voir un roi puissant, et dans le temps de sa plus grande prospérité, reconnaître ses fautes quand il lui arrive d'en faire, sans chercher ni prétexte ni excuses pour les couvrir; rendre hommage à la vérité, lors même qu'elle le condamne; et laisser à des princes, faussement délicats sur la grandeur, la honte d'être toujours pleins de défauts, et de n'en jamais convenir.

La nuit suivante, le même fantôme, si l'on en croit Hérodote, se montra encore au roi, ajoutant au premier discours qu'il avait tenu de nouvelles menaces. Xerxès en fit part à son oncle; et pour reconnaître si ce songe venait des Dieux ou non, il le pressa vivement de se revêtir des habits royaux, de monter sur le trône, et de passer ensuite la nuit dans son lit à sa place. Artabane lui parla très sensément sur la vanité des songes, puis venant à ce qui le regardait personnellement : « J'estime pres- « que également, dit-il, de bien penser par « soi-même, et de se rendre docile aux « bons avis d'un autre. Vous avez ces deux « qualités, grand prince; et si vous suiviez « votre naturel, vous ne vous porteriez « qu'à des sentimens de sagesse et de mo- « dération. Il n'y a que les discours en-

« poisonnés des flatteurs qui vous poussent
« à des partis violens, comme la mer,
« tranquille par elle-même, n'est troublée
« que par une impression étrangère. Au
« reste, ce qui m'a affligé dans le discours
« que vous avez tenu à mon égard, n'a pas
« été mon injure personnelle; mais le tort
« que vous vous faisiez à vous-même par
« votre mauvais choix entre deux conseils
« qu'on vous donnait, rejetant celui qui
« vous portait à des sentimens de modéra-
« tion et d'équité, et embrassant l'autre,
« qui ne tendait au contraire qu'à nourrir
« l'orgueil et à irriter l'ambition. »

Artabane, par complaisance, passa la
nuit dans le lit du roi, et y eut la même
vision qu'avait eue Xerxès, c'est-à-dire,
qu'en dormant, il vit un homme qui lui faisait de violens reproches, et qui le menaçait
des plus grands malheurs s'il continuait de
s'opposer au dessein du roi. Il céda pour
lors, et se rendit, croyant qu'il y avait en
cela quelque chose de divin, et la guerre
contre les Grecs fut résolue. Je rapporte les
choses telles que je les trouve dans Hérodote.

Xerxès soutint mal cette gloire dans la

suite. Nous ne verrons en lui que de courtes lueurs de sagesse et de raison, qui brillent un moment, et font place aux excès les plus condamnables. On peut juger par-là qu'il avait un bon fonds et un naturel heureux. Mais les qualités les plus excellentes sont bientôt gâtées et corrompues par le poison de la flatterie, et par celui d'une puissance souveraine et sans bornes.

C'est un beau sentiment dans un ministre, d'être moins touché de l'affront qu'on lui fait, que du tort qu'on faisait à son maître en lui donnant un funeste conseil.

Le conseil de Mardonius était funeste, en ce que, comme le remarque Artabane, il n'était propre qu'à nourrir et à augmenter dans le prince une pente à la hauteur et à la violence, qui ne lui était déja que trop naturelle, et en ce qu'il accoutumait son esprit à porter toujours ses desirs au-delà de sa fortune présente, à vouloir toujours aller en avant, et à ne mettre aucunes bornes à son ambition. C'est la passion de ceux qu'on appelle conquérans, et nommerait à plus juste titre, avec l'Ecriture-Sainte, brigands des nations. Parcourez, dit Sénèque, toute la suite des rois de Perse, en trouverez-vous quelqu'un qui se soit arrêté de lui même dans sa course, qui ait été content de ses premières conquêtes, et que la mort n'ait pas surpris formant encore quelque nouveau projet ? Et cette disposition ne doit pas étonner, ajoute-t-il : car l'ambition est un gouffre et un abîme sans fond, où tout se perd, et où l'on entasse en vain des provinces et des royaumes, sans en pouvoir remplir le vide.

§. II. La guerre étant résolue; Xerxès, pour ne rien omettre de ce qui pouvait faire réussir son dessein, entra en considération avec les Carthaginois, le plus puissant peuple qui fût alors en occident, et convint avec eux que, pendant que les Perses attaqueraient la Grèce, les Carthaginois tomberaient sur les nations grecques qui étaient en Sicile et en Italie, pour les empêcher de venir au secour des autres Grecs. Les Carthaginois élurent pour général, Amilcar, qui ne se contenta pas de lever autant de troupes qu'il put en Afrique, mais, avec l'argent que Xerxès lui avait envoyé, engagea à son service un grand nombre de soldats tirés d'Espagne, de Gaule, et d'Italie; de sorte qu'il assembla une armée de trois cent mille hommes, et des vaisseaux à proportion, pour exécuter les projets de la ligue.

Ainsi Xerxès conformément à la prédiction de Daniel, « ayant par sa puis- « sance et par ses grandes richesses, sou- « levé contre le royaume de la Grèce tous « les peuples du monde alors connu, c'est-à-dire, tout l'occident sous le commandement d'Amilcar, et tout l'orient sous le sien propre, partit de Suse pour commencer la guerre l'an cinquième de son règne, qui était la dixième depuis la bataille de Marathon, et marcha vers Sardes, où était le rendez-vous de l'armée de terre, pendant que celle de mer s'avançait aussi le long des côtes de l'Asie Mineure vers l'Hellespont.

Il avait donné ordre qu'on perçât le mont Athos. C'est une montagne de Macédoine, province de la Turquie en Europe, qui s'avance dans l'Archipel en forme de presqu'île. Elle ne tient à la terre, que par un isthme d'une demi-lieue. Nous avons déja vu que la mer en cet endroit était fort orageuse, et que les naufrages y étaient fréquens. Ce fut là le pretexte de l'ordre qu'avait donné Xerxès de couper cette montagne : mais la véritable raison était de se signaler par une entreprise extra-ordinaire, et d'une exécution difficile, comme Tacite le dit de Néron : *erat incredibilium cupitor*. Aussi Hérodote remarqua-t-il que ce travail était plus fastueux que nécessaire, puisqu'il aurait pu, à moins de frais, faire transporter les vaisseaux par-dessus l'isthme, comme c'était l'usage de ce temps-là. La fosse qu'il y fit creuser, était de largeur à y faire passer deux trirèmes de front, c'est-à-dire deux vaisseaux à trois rangs de rames. Ce prince, qui avait la folie de croire qu'il était le maître des élé-mens et de toute la nature, avait en consé-quence écrit une lettre au mont Athos en ces termes, pour lui intimer ses ordres : « Superbe Athos, qui portes ta tête jusqu'au « ciel, ne sois pas si hardi que d'opposer à « mes travailleurs des pierres et des roches « qu'ils ne puissent couper : autrement je « te couperai toi-même en entier, et je te « précipiterai dans la mer. » Il contraignit en même temps les travailleurs à force de coups de fouet à avancer. 13.

Un voyageur, qui vivait du temps de François Ier, et qui a composé en latin un livre touchant les faits singuliers, révoque celui-ci en doute, il marque qu'en passant auprès du mont Athos, il n'y a vu aucunes traces du travail dont il est parlé ici.

Nous avons déja dit que Xerxès s'avançait vers Sardes. Au sortir de la Cappadoce, ayant passé le fleuve Halys, il vint à Célène, ville de la Phrygie près de laquelle le Méandre prend sa source. Pythius, Lydien, faisait sa résidence dans cette ville : c'était le prince le plus opulent qui fût alors après Xerxès. Il le reçut, et toute son armée, avec une magnificence incroyable, et lui offrit tous ses biens pour fournir aux frais de son expédition. Xerxès surpris, et en même temps charmé d'une offre si généreuse, eut la curiosité d'apprendre à quoi montaient donc ses richesses. Ce prince lui répondit que, dans la vue de les lui offrir, il en avait fait un compte exact, et qu'elles montaient pour l'argent à deux mille talens (c'est-à-dire six millions), et pour l'or à quatre millions de dariques moins sept mille (c'est-à-dire à quarante millions moins soixante-et-dix mille livres). Il lui offrit toutes ces sommes, ajoutant que ses revenus lui suffisaient pour l'entretien de sa maison. Xerxès lui marqua une vive reconnaissance, fit une amitié particulière avec lui, et pour ne pas se laisser vaincre en générosité, au lieu d'accepter ses offres, il l'obligea de recevoir les sept mille dariques qui manquaient à sa somme pour faire un compte rond.

Après un trait comme celui que je viens de rapporter, qui ne croirait que la vertu particulière et le caratère personnel de Pythius aurait été la générosité et le mépris des biens ? Cependant c'était le prince du monde le plus ménager, et qui à une sordide avarice pour lui-même joignait une dureté inhumaine à l'égard de ses sujets, qu'il occupait sans cesse à des travaux pénibles et infructueux, en les obligeant à creuser pour lui des mines d'or et d'argent qui se trouvaient dans son domaine. Pendant son absence, fondant tous en larmes, ils portèrent leurs plaintes devant la princesse, épouse de Pythius, et implorèrent son secours. Elle employa un moyen fort extraordinaire pour faire sentir à son mari et lui fait toucher au doigt l'injustice et le ridicule de sa conduite. A son retour, elle lui fit servir un repas, magnifique en apparence, mais qui n'était rien moins que repas. Entrée, service, rôti, entremets, tout était d'or ou d'argent, et le prince au milieu de ces riches mets et de ces viandes en peinture, demeura affamé. Il devina facilement le sens de l'énigme, et comprit que la destination de l'or et de l'argent n'était pas le simple spectacle, mais l'usage; et que négliger, comme il faisait, la culture des terres en occupant tous ses sujets au travail des mines, c'était réduire le pays et se réduire lui-même à la famine. Il se contenta donc dans la suite d'y en faire travailler seulement la cinquième partie. C'est Plutarque qui nous a conservé ce fait dans un traité, où il en ramasse beaucoup d'autres pour prouver l'habileté et l'industrie des dames. La fable a voulu marquer le même caractère dans ce qu'elle raconte d'un prince qui avait régné dans le même pays, pour qui tout ce qu'il touchait se changeait sur-le-champ en or, selon la demande qu'il en avait faite aux dieux, et qui par là courut risque de périr de faim.

Ce même seigneur qui avait fait des offres si obligeantes à Xerxès, lui ayant demandé en grace, quelque temps après, que de cinq de ses fils, qui servaient dans l'armée, il voulût bien lui laisser l'aîné pour être l'appui et la consolation de sa vieillesse; le roi, outré jusqu'à la fureur d'une proposition si raisonnable, fit égorger ce fils aîné sous les yeux de son père, lui faisant entendre que c'était par grace qu'il lui laissait la vie à lui et au reste de ses enfans; et ayant fait couper le corps mort en deux parts qu'on plaça à droite et à gauche, il fit passer au milieu toute son armée, comme pour l'expier par un tel sacrifice. Quel monstre dans la nature qu'un prince de cette sorte! Quel fonds est-il possible de faire sur l'amitié des grands, et sur les protestations les plus vives de service et de reconnaissance?

De Phrygie Xerxès arriva à Sardes, où il passa l'hiver. De là il envoya des hérauts à toutes les villes de la Grèce, excepté à Athènes et à Lacédémone, pour demander qu'on lui donnât l'eau et la terre, ce qui était la marque de soumission.

Dès que le printemps fut venu, il partit de Sardes, et tourna sa marche vers l'Hellespont. Quand il y fut arrivé, il voulut se donner le plaisir de voir un combat naval. On lui avait préparé un trône sur une hauteur. Voyant de là toute la mer chargée de ses vaisseaux et toute la terre couverte de ses troupes, il sentit d'abord un mouvement secret de joie en mesurant ainsi de ses propres yeux toute l'étendue de sa puissance, et se regardant comme le plus fortuné de tous les mortels : mais faisant réflexion que de tant de milliers d'hommes, il n'en resterait pas un seul dans cent ans, il ne put refuser des larmes à l'instabilité des choses humaines. Un autre objet aurait mérité plus justement ses larmes, et il aurait dû se faire des reproches d'abréger lui-même ce terme fatal à des millions d'hommes, que sa cruelle ambition allait faire périr dans une guerre entreprise sans justice et sans nécessité.

Artabane, qui ne perdait aucune occasion de se rendre utile au jeune prince, et de lui inspirer des sentimens de bonté pour son peuple, profitant de ce moment où il le

rouvait touché et attendri, lui fit faire une
autre réflexion sur les misères qui accom-
pagent la vie de la plupart des hommes, et
qui la leur rendent si triste et si ennuyeuse;
et il lui fit sentir en même temps l'obligation d'un prince, qui ne pouvant prolonger
la vie de ses sujets, devait au moins employer tous ses soins à leur en adoucir les
peines et les amertumes.

Dans la même conversation, Xerxès demanda à son oncle s'il persévérerait encore
dans son premier sentiment qui était de
ne point porter la guerre contre la Grèce,
supposé qu'il n'eût pas vu les songes qui le
lui avaient fait quitter. Celui-ci avoua qu'il
n'était point sans crainte, et que deux
choses l'effrayaient. Hé quoi donc, reprit
Xerxès? La terre et la mer, dit Artabane.
La terre, car il n'y a point de pays qui
puisse nourrir une si nombreuse armée :
la mer, car il n'y a point de ports capables de contenir un si grand nombre de
vaisseaux.

Le roi sentit bien la force de ce rai-
sonnement; mais, ne pouvant plus recu-
ler, il dit que, dans les grandes entreprises, il ne fallait pas examiner de si près

tous les inconvéniens : qu'autrement on n'entreprendrait jamais rien; et que, si ses prédécesseurs avaient suivi une politique si scrupuleuse et si timide, l'empire de Perse ne serait pas parvenu à ce point de grandeur où on le voyait.

Artabane lui donna encore un autre avis fort sage, mais qui ne fut pas plus suivi : c'était de ne point employer les Ioniens contre les Grecs, dont ils tiraient leur origine; ce qui devait les lui rendre suspects. Xerxès, après ces discours, lui fit beaucoup d'amitié, le combla de marques d'honneur et le renvoya à Suse, pour veiller en son absence à la garde de l'empire, en le rendant dépositaire de toute son autorité.

Xerxès avait fait construire à grands frais un pont de bateaux sur la mer pour faire passer les troupes de l'Asie en Europe: l'espace qui sépare les deux continens, appelé autrefois l'*Hellespont*, et maintenant le *détroit des Dardanelles* ou de *Gallipoli*, depuis Abyde jusqu'à l'autre côté, est de sept stades, c'est-à-dire de plus d'un quart de lieue. Une violente tempête survint tout à coup et rompit le pont. Xer-

xès, ayant appris à son arrivée cette nouvelle, fut transporté de colère; et pour se
venger d'un si cruel affront, il commanda
qu'on jetât dans la mer deux paires de
chaînes; comme pour la mettre aux fers,
et qu'on lui donnât trois cents coups de
fouet, en l'apostrophant ainsi : « O amer
« et malheureux élément! ton maître te
« punit ainsi pour l'avoir outragé sans rai-
« son. Xerxès saura bien, soit que tu le
« veuilles ou non, passer à travers tes
« flots. » Il ne s'en tint pas là, et rendant
les entrepreneurs responsables des évènemens qui dépendent le moins de la puissance des hommes, il fit couper la tête à
tous ceux qui avaient eu la conduite de
l'ouvrage.

On construisit de nouveau deux ponts,
l'un pour les troupes, l'autre pour le ba-
gage et les bêtes de charge. Xerxès choisit
des ouvriers plus habiles que les premiers;
et voici comment ils s'y prirent : ils mirent
en travers trois cent soixante vaisseaux,
les uns à trois rangs de rames, les autres
à cinquante rames, dont les flancs regardaient le Pont-Euxin; et du côté qui regarde la mer Egée, ils en mirent trois cent

quatorze; ensuite ils jetèrent dans l'eau de grosses ancres de part et d'autre, pour affermir tous ces vaisseaux contre la violence des vents, et contre le courant * de l'eau. Ils laissèrent du côté de l'orient trois passages entre les vaisseaux, par où de petites barques pussent aller au Pont-Euxin et en revenir facilement. Après cela, ils plantèrent des pieux en terre ferme avec des gros anneaux, et y attachèrent de part et d'autre si gros câbles sur chacun des ponts, deux faits de chanvre, et quatre faits d'une sorte de roseaux, dont on se servait pour faire des cordages. Il fallait que ceux de chanvre fussent d'une force extraordinaire, puisque chaque coudée pesait un talent **. Les câbles placés sur la longueur des vaisseaux, allaient d'un côté de la mer à l'autre. Cet ouvrage étant achevé, ils rangèrent en travers, sur la largeur des vaisseaux et sur les câbles

* Polybe remarque qu'il y a un courant d'eau du lac Méotis et du Pont-Euxin dans la mer Égée, causé par les fleuves qui vont se rendre dans ces deux mers. (POLYB. lib. IV, p. 307–308)

** Le talent, pour le poids, était de 60 mines, c'est-à-dire de 42 livres de notre poids, et la mine de cent dragmes.

dont il a été parlé, des troncs d'arbres coupés exprès pour cet usage, et mirent dessus des planches liées et jointes ensemble, pour tenir lieu de sol et de plancher: puis ils couvrirent le tout de terre, et ajoutèrent de côté et d'autre des barrières (c'est ce que nous appelons des *garde-fous*), afin que les bêtes et les chevaux ne s'épouvantassent point en voyant la mer. Telle fut la construction du fameux pont de Xerxès.

Quand l'ouvrage fut achevé, on marqua le jour du passage. Dès que les premiers rayons du soleil commencèrent à paraître, on répandit sur l'un et l'autre pont des odeurs de toutes sortes, et l'on joncha les chemins de myrte. Xerxès en même temps versa des libations sur la mer, et, se tournant ver le soleil, la principale divinité de l'empire, il implora son secours pour l'entreprise qu'il commençait, et le pria de lui continuer sa protection jusqu'à ce qu'il eût fait la conquête entière de l'Europe, et qu'il l'eût toute soumise à son empire : après quoi il jeta dans la mer le vase qui avait servi aux libations, une autre coupe d'or, et un cimeterre persan.

L'armée employa sept jours et sept nuits à passer le détroit, ceux qui étaient préposés pour cela faisant avancer les soldats à grands coups de fouet, selon l'usage de la nation, qui n'était, à proprement parler, qu'un assemblage d'esclaves.

§ III. Xerxès, prenant sa marche au travers de la Chersonèse de Thrace, arriva à Dorisque, ville située à l'embouchure de l'Hèbre dans la Thrace, où, ayant fait camper son armée, et ordonner à la flotte de le suivre le long du rivage, il fit la revue de l'une et de l'autre.

Il trouva son armée de terre, qu'il avait amenée d'Asie, forte de dix-sept cent mille hommes de pied, et de quatre-vingt mille chevaux, qui, joints à vingt mille hommes qu'il fallait au moins pour la garde et la conduite des chariots et des chameaux, faisaient en tout dix-huit cent mille hommes. Quand il eut passé l'Hellespont, les nations qui se soumirent à lui fortifièrent son armée de trois cent mille hommes. Ce qui fait en tout pour l'armée de terre deux millions cent mille hommes.

Sa flotte, telle qu'elle était partie d'Asie, consistait en douze cent sept vaisseaux de combat appelés *trirèmes*, c'est-à-dire à trois rangs de rames. Chaque vaisseau portait deux cents hommes originaires du pays qui les avait fournis, et outre cela trente Perses, ou Mèdes, ou Saces : ce qui faisait en tout deux cent soixante-dix-sept mille six cent dix hommes. Les peuples d'Europe augmentèrent sa flotte de six-vingts vaisseaux, dont chacun portait deux cents hommes, ce qui en fait vingt-quatre mille, et le tout ensemble trois cent un mille six cent dix hommes.

Outre la flotte composée de grands vaisseaux, les petites galères de trente et de cinquante rames, les vaisseaux de transport, ceux qui portaient les vivres, et autres sortes de bâtimens, montaient à trois mille. En mettant dans chacun, l'un portant l'autre, quatre-vingts hommes, cela en faisait en tout deux cent quarante mille.

Ainsi, quand Xerxès arriva aux Thermopyles, ses forces de terre et de mer faisaient ensemble le nombre de deux millions six cent quarante et un mille six cent et dix hommes, sans compter les valets, les eunuques, les femmes, les vivandiers, et ces autres sortes de gens qui suivent les armées, et qui montaient à un nombre égal. De sorte que le total de personnes qui suivirent Xerxès dans cette expédition était de cinq millions deux cent quatre-vingt-trois mille deux cent vingt personnes. C'est le calcul que nous en donne Hérodote : Plutarque et Isocrate s'accordent avec lui. Diodore de Sicile, Pline, Elien, et d'autres, rabattent beaucoup de ce nombre : en quoi ils paraissent moins croyables qu'Hérodote, qui a vécu dans le siècle même où se fit cette expédition, et qui rapporte une inscription mise, par l'ordre des Amphictyons, sur le tombeau de ces Grecs qui furent tués aux Thermopyles, laquelle marque qu'ils combattirent contre trois millions d'hommes.

Pour nourrir toutes ces personnes, il fallait chaque jour, selon la supputation qu'en fait Hérodote, plus de cent dix mille trois cent quarante médimnes, mesure qui, selon Budé, vaut six de nos boisseaux, en comptant pour chaque tête un chœnix, qui était la portion journalière que les maîtres donnaient à leurs esclaves chez les Grecs. L'histoire ne fait mention d'aucune autre armée aussi nombreuse que celle-ci. De tant de millions d'hommes nul ne le disputait à Xerxès pour la beauté du visage, ni pour la grandeur de la taille : faible louange pour un prince, quand elle est seule. Aussi Justin, après le dénombrement de ces troupes, ajoute-t-il qu'une si grande armée manquait de chef.

On aurait peine à comprendre comment il était possible de trouver des vivres suffisamment pour un aussi grand nombre de personnes, si l'historien ne nous avait averti que Xerxès avait employé quatre années entières à faire les préparatifs de cette guerre. Nous avons vu combien il y avait de vaisseaux de charge qui côtoyaient toujours l'armée de terre; et il en arrivait sans doute tous les jours de nouveaux qui mettaient l'abondance dans le camp.

Hérodote marque la manière dont se fit le calcul de ces troupes, qui étaient presque innombrables. On assembla dix mille hommes, que l'on serra le plus qu'il fut possible; après quoi l'on décrivit un cercle autour d'eux, et l'on éleva sur ce cercle un petit mur à hauteur de la moitié du corps d'un homme; on fit passer dans ce même intervalle toute l'armée et l'on connut par là à quel nombre elle montait.

Le même Hérodote marque en détail les différentes armures de toutes les nations qui composaient cette armée. Outre les chefs de chaque nation qui commandaient chacun les troupes de leurs pays, l'armée de terre avait six généraux persans, savoir : Mardonius, fils de Gobryas ; Tirintatèchme, fils d'Artabane, et Smerdone, fils d'O-tane, tous deux proches parens du roi ; Ma-siste, fils de Darius et d'Atosse ; Gergis, fils d'Ariaze, et Mégabyse, fils de Zopire. Les dix mille Perses qu'on appelait les im-mortels étaient commandés par Hydarne. La cavalerie avait ses commandans par-ticuliers.

La flotte avait aussi quatre généraux persans. On peut voir dans Hérodote le détail des nations qui la fournirent. Arté-mise *, reine d'Halicarnasse, qui, depuis la mort de son mari, gouvernait pour son fils encore pupille, n'amena avec elle que cinq

* Il ne faut pas confondre cette princesse avec Artémise, femme de Mausole, roi de Carie, qui vivait plus de quatre-vingt-dix ans après cette bataille.

vaisseaux, mais c'étaient les mieux équipés et les plus lestes de toute la flotte, après ceux des Sidoniens. Elle se distingua dans cette guerre par son courage, et encore plus par sa prudence. Hérodote remarque qu'entre tous les officiers de Xerxès aucun ne lui donna des conseils si sages que cette reine : mais il ne sut pas en profiter.

Xerxès, ayant fait le dénombrement de ses troupes de terre et de mer, demanda à Démarate s'il croyait que les Grecs osassent l'attendre. J'ai déja dit que ce Démarate était un des deux rois de Lacédémone qui, ayant été exilé par la faction de ses ennemis, s'était réfugié en Perse, où il avait été comblé de biens et d'honneurs. Comme on s'étonnait un jour qu'un roi se fût laissé exiler, et qu'on lui en demandait la cause : C'est, dit il, qu'à Sparte la loi est plus forte que les rois. Il fut fort considéré en Perse. Mais ni l'injustice de ses citoyens, ni les bons traitemens du roi, ne purent lui faire oublier sa patrie. Dès qu'il sut que Xerxès travaillait aux préparatifs de la guerre, il en avait donné avis aux Grecs par une voie secrète. Obligé dans cette occasion de s'expliquer, il le fit avec une noblesse et une liberté dignes d'un Spartiate, et d'un roi de Sparte.

Démarate, avant que de répondre à la question du roi, lui avait demandé si son intention était qu'il lui parlât selon la vérité, ou avec flatterie ; et Xerxès ayant exigé de lui une grande sincérité : « Puis- « que vous me l'ordonnez, grand prince, « reprit Démarate, la vérité va vous parler « par ma bouche. Il est vrai que de tout « temps la Grèce a été nourrie dans la « pauvreté : mais on a introduit chez elle la « vertu que la sagesse cultive, et que la « vigueur des lois maintient. C'est par l'u- « sage que la Grèce sait faire de cette vertu « qu'elle se défend également des incommo- « dités de la pauvreté et du joug de la do- « mination. Mais, pour ne vous parler que « de mes Lacédémoniens, soyez sûr que, « nés et nourris dans la liberté, ils ne prê- « teront jamais l'oreille à aucune proposi- « tion qui tende à la servitude. Fussent-ils « abandonnés par tous les autres Grecs, et « réduits à une troupe de mille soldats, ou « à un nombre encore moindre, ils vien- « dront au-devant de vous, et ne refuseront « point le combat. » Le roi, entendant un pareil discours, se mit à rire; et comme il ne pouvait comprendre que des hommes libres et indépendans, tels qu'on lui dépeignait les Lacédémoniens, qui n'avaient point de maître qui pût les contraindre, fussent capables de s'exposer ainsi aux dangers et à la mort : « Ils sont libres et « indépendans de tout homme, répliqua « Démarate; mais ils ont au-dessus d'eux la « loi qui les domine, et ils la craignent plus « que vous-même n'êtes craint de vos su- « jets. Or cette loi leur défend de fuir ja- « mais dans le combat, quelque grand que « soit le nombre des ennemis; et elle leur « commande, en demeurant fermes dans « leur postes, ou de vaincre ou de mourir.

Xerxès ne fut point choqué de la liberté avec laquelle Démarate lui avait parlé, et il continua sa marche.

§ IV. Lacédémone et Athènes, qui étaient les deux plus puissantes villes de la Grèce, et celles à qui Xerxès en voulait le plus, ne s'étaient pas endormies à l'approche d'un ennemi si redoutable. Avertis depuis long-temps des mouvemens de ce prince, elles avaient envoyé des espions à Sardes, pour s'informer plus exactement du nombre et

de la qualité de ses troupes. Ils furent arrêtés, et comme on était près de les faire
mourir, Xerxès commanda au contraire
qu'on les menât au travers de l'armée, et
qu'on les renvoyât sans leur faire aucun
mal. Leur retour apprit aux Grecs ce qu'ils
avaient à craindre.

On envoya en même temps des députés
à Argos, en Sicile, vers Gelon, tyran de
Syracuse, aux îles de Corcyre et de Crète,
pour demander du secours et faire une
ligue contre l'ennemi commun.

Les Argiens offrirent un secours considérable, à condition qu'ils partageraient
par moitié l'autorité et le commandement
avec les Lacédémoniens. Ceux-ci consen-
tirent que le roi d'Argos eût la même autorité que chacun des deux rois de Lacédémone. C'était leur accorder beaucoup :
mais que ne peut pas un point d'honneur
mal entendu, et une vaine jalousie de
commandement! Les Argiens ne se conten-
tèrent point de cette offre, et refusèrent de
secourir les Grecs ligués, sans penser que,
s'ils les laissaient périr, la perte de la
Grèce entraînerait infailliblement la leur.

Les députés passèrent d'Argos en Sicile,

et s'adressèrent à Gélon : c'était le plus puissant prince qui fût alors parmi les Grecs. Il promit de fournir deux cents vaisseaux à trois rangs de rames, vingt mille hommes d'infanterie, deux mille de cavallerie, outre deux mille soldats armés à la légère, autant d'archers et de frondeurs, et d'entretenir de vivres l'armée des Grecs pendant tout le temps de la guerre, à condition qu'on l'élirait généralissime des troupes de terre et de mer. Les Lacédémoniens se récrièrent à une telle proposition. Il se rabattit à demander qu'au moins il eût le commandement ou de la flotte, ou de l'armée de terre. Les Athéniens s'y opposèrent fortement, en répondant que le commandement de la flotte leur appartenait de droit, si les Lacédémoniens y renonçaient. Gélon avait une raison bien plus forte de ne pas dégarnir la Sicile de troupes, qui était l'approche de la formidable armée des Carthaginois, commandée par Amilcar, et qui montait à trois cent mille hommes.

Ceux de Corcyre, appelée aujourd'hui Corfou, firent aux députés une réponse favorable, et se mirent aussitôt en mer avec une flotte de soixante vaisseaux. Mais ils ne s'avancèrent pas au-delà des côtes de la Laconie, apportant pour prétexte les vents contraires, mais en effet attendant quel serait la succès du combat, pour se ranger ensuite du côté du vainqueur.

Les Crétois, ayant consulté l'oracle de Delphes sur le parti qu'ils avaient à prendre, refusèrent absolument d'entrer dans la ligue.

Ainsi les Lacédémoniens et les Athéniens se trouvèrent réduits presqu'à eux seuls, tous les autres peuples s'étant soumis aux hérauts que Xerxès avait envoyés pour demander la terre et l'eau, excepté ceux de Thespie et de Platée. Dans un danger si pressant on songea avant tout à faire cesser toute discorde et toute division, et les Athéniens firent la paix avec les Eginètes, contre qui ils étaient actuellement en guerre.

Un de leurs premiers soins fut de nommer un général. Jamais il n'avait été plus nécessaire d'en choisir un qui pût dignement remplir cette place que dans la conjoncture présente, où toute l'Asie était prête

à fondre sur la Grèce. Les plus expérimentés et les plus habiles, effrayés de la
grandeur du danger, avaient pris le parti
de ne point se présenter. Il y avait à Athènes un citoyen nommé Epicyde, qui avait
quelque talent pour la parole, mais d'ailleurs homme sans mérite, décrié pour son
peu de courage, et encore plus pour son
avarice. Cependant on appréhendait que
dans l'assemblée les suffrages ne lui fussent favorables. Thémistocle, qui savait que
dans un grand calme tout marinier presque est propre à conduire un vaisseau,
mais que dans un temps d'orage et de
tempête les pilotes les plus habiles ne le
sont pas encore assez, comprit que la république était perdue si l'on nommait pour
général Epicyde, dont l'ame vénale donnait tout lieu de craindre qu'il ne fût point
à l'épreuve de l'or des Perses. Il y a des
occasions où, pour agir sagement, et je
dirais presque régulièrement, il faut s'élever au-dessus des règles. Thémistocle, qui
sentait bien que dans l'état où étaient les
affaires il était le seul capable de commander, ne fit point difficulté d'écarter son
compétiteur à force de présens et de libé-

ralités; et, ayant ainsi trouvé moyen de dédommager l'ambition d'Epicyde en satisfaisant son avarice, il se fit élire en sa place. Il me semble qu'on peut appliquer ici bien justement à Thémistocle ce que Tite-Live dit de Fabius dans une occasion toute pareille. Ce grand homme, voyant que, dans le temps qu'Annibal était dans le cœur de l'Italie, on songeait à nommer pour consul un homme sans mérite, employa tout son crédit et celui de ses amis pour se faire continuer dans le consulat, sans se mettre en peine de tout ce qu'on pouvait dire contre lui, et il en vint à bout. L'historien ajoute : « La conjoncture du « temps, et l'extrême danger où se trou- « vait la république, firent que personne « ne fut blessé d'une conduite qui pouvait « paraître contraire aux règles, et écar- « tèrent des esprits tout soupçon qu'en « cela Fabius eût agi par aucun motif d'in- « térêt ou d'ambition. On admirait, au « contraire, sa grandeur d'âme, en ce que, « sachant que la république avait besoin « d'un général accompli, et ne pouvant se « dissimuler à lui-même qu'il était ce géné- « ral, il avait mieux aimé hasarder en quel-

« que sorte sa réputation, et s'exposer
« peut-être aux traits de l'envie, que de
« manquer à ce qu'il devait à sa patrie. »

Les Athéniens firent aussi un décret qui
rappelaient tous les bannis. Ils craignirent
qu'Aristide ne se joignît à leurs ennemis,
et n'en entraînât avec lui beaucoup d'autres dans le parti des barbares. Ils connaissaient bien peu leur citoyen, qui était
infiniment éloigné d'une telle perfidie.
Quoi qu'il en soit, ils songèrent à le rappeler. Thémistocle, loin de s'opposer à ce
décret, l'appuya de tout son crédit. La
haine et la division de ces grands hommes
n'avait rien d'implacable, d'amer, d'outré, comme chez les Romains des derniers
temps de la république. Le salut de l'état
les réconciliait, sans qu'ils gardassent de
jalousie ni de rancune : et nous verrons
bientôt qu'Aristide, loin de traverser secrètement son ancien rival, concourut
avec zèle au succès de ses entreprises et à
sa gloire.

L'alarme augmentait dans la Grèce à
mesure qu'on apprenait que l'armée des
ennemis était plus près. Si les Athéniens et
les Lacédémoniens n'avaient eu que leurs

15.

troupes de terre à lui opposer, c'en était fait de la Grèce. On sentit pour lors tout le prix de la sage prévoyance de Thémistocle, qui, sous un autre prétexte, avait fait bâtir cent galères. Au lieu que le reste des Athéniens avait regardé la journée de Marathon comme la fin de la guerre, lui, au contraire, la regarda comme le commencement et le signal de plus grands combats auxquels il devait préparer son peuple : et dès lors il songea à rendre sa patrie supérieure à Lacédémone, qui depuis long-temps dominait sur toute la Grèce. Dans cette vue, il crut devoir tourner toutes les forces d'Athènes du côte de la mer voyant bien que, faible par terre comme elle était, elle n'avait que ce seul moyen de se rendre nécessaire aux alliés et formidable aux ennemis. Son avis passa malgré les efforts de Miltiade, arrêté sans doute par le peu d'apparence qu'il y avait qu'un peuple tout neuf aux combats de mer, et qui n'était en état d'armer que de petits vaisseaux, pût résister à une puissance aussi formidable que celle des Perses, qui, avec une flotte de plus de mille vaisseaux avaient encore une nombreuse armée de terre.

Les Athéniens avaient accoutumé de distribuer entre eux tous les revenus qu'ils tiraient des mines d'argent, qui étaient dans un lieu de l'Attique appelé *Laurium*. Thémistocle eut le courage de proposer au peuple d'abolir ces distributions, et d'employer cet argent à bâtir des vaisseaux à trois rangs de rames pour faire la guerre aux Éginètes, contre lesquels il réveilla leur ancienne jalousie. Le peuple ne sacrifie pas volontiers ses intérêts particuliers à l'utilité publique, et n'aime pas à acheter le bien de l'état par ses propres pertes. Il le fit pourtant en cette occasion, et touché par les vives remontrances de Thémistocle, il consentit que l'argent qui revenait des mines fût employé à bâtir cent galères. On doubla ce nombre à l'arrivée de Xerxès, et ce fut cette flotte qui sauva la Grèce.

Quand il fut question de nommer un généralissime pour commander la flotte, les Athéniens, qui seuls en avaient fourni les deux tiers, prétendirent que cet honneur leur appartenait, et rien n'était plus juste que leur prétention. Cependant tous les suffrages des alliés se réunirent en faveur d'Eurybiade, Lacédémonien. Thémistocle, quoique fort avide de gloire, crut que dans cette occasion il devait oublier ses propres intérêts pour le bien commun de la patrie; et ayant fait entendre aux Athéniens que, pourvu qu'ils se conduisissent en gens de courage, bientôt tous les Grecs leur déféreraient d'eux-mêmes le commandement, il leur persuada de céder, aussi bien que lui, aux Lacédémoniens. On peut dire encore que cette sage modération de Thémistocle sauva l'état. Car les alliés menaçaient de se séparer si l'on prenait un autre parti; et c'en était fait de la Grèce si cela fût arrivé.

§ V. [Av. J. C. 480.] Il ne s'agissait plus que de savoir où l'on attendrait les Perses pour leur disputer l'entrée de la Grèce. Les Thessaliens représentèrent qu'étant les premiers exposés à l'attaque des ennemis, il était juste qu'on pourvût à leur sûreté, qui faisait aussi celle de la Grèce, sans quoi ils seraient obligés de prendre d'autres mesures qui seraient contre leur inclination, mais qu'un tel abandon rendrait absolument nécessaires. Il fut résolu qu'on enverrait dix mille hommes pour garder le passage qui sépare la Macédoine de la Thessalie, près du fleuve Pénée, entre les monts Olympe

t Ossa. Mais Alexandre, fils d'Amyntas,
oi de Macédoine, leur ayant fait savoir
ue, s'ils attendaient en cet endroit les Per-
es, ils seraient infailliblement accablés par
eur nombre, ils se retirèrent vers les Thermopyles. Les Thessaliens, se voyant ainsi
bandonnés, ne délibérèrent plus, et se
oumirent aux Perses.

Les Thermopyles sont un défilé ou pas-
age du mont OEta, entre la Thessalie et
a Phocide, qui n'a que vingt-cinq pieds
e largeur, qu'un petit nombre de troupes
ouvait défendre, et qui était l'unique endroit par où l'armée de terre des Perses
ouvait entrer en Achaïe, et venir assiéger
Athènes. Ce fut donc là que l'armée des
Grecs s'arrêta. Elle avait pour chef Léoni-
le, l'un des deux rois de Sparte.

Xerxès cependant était en marche. Il
vait ordonné à sa flotte de le suivre le long
le la côte, et de régler ses mouvemens sur
ceux de l'armée de terre. Partout il trouvait des vivres et des rafraîchissemens,
qu'on avait préparés de loin, selon les ordres qu'il avait envoyés, et chaque ville, à
son arrivée, lui donnait un magnifique sou-
per, qui coûtait des sommes immenses.

C'est ce qui donna lieu à un assez bon mot d'un citoyen d'Abdère, ville de Thrace, qui, après qu'il fut parti, dit qu'il fallait rendre graces aux dieux de ce que Xerxès ne faisait qu'un repas.

Il y eut, dans le même pays de Thrace, un prince qui témoigna une grandeur d'ame extraordinaire : c'était le roi des Bisaltes. Pendant que tous les autres couraient à la servitude, et se soumettaient bassement à Xerxès, il refusa fièrement de subir le joug et d'obéir. Il n'était pas en état de résister à force ouverte : il se retira sur le haut du mont Rhodope, dans un lieu inaccessible, et défendit à ses enfans de porter les armes contre la Grèce : ils étaient au nombre de six. Soit crainte de Xerxès, soit curiosité de voir une telle guerre, ils le suivirent. A leur retour, leur père, oubliant cette qualité, punit d'une manière bien cruelle la désobéissance de ses fils, en leur faisant crever les yeux à tous. Xerxès continua sa marche à travers la Thrace, la Macédoine et la Thessalie. Tout plia devant lui jusqu'au défilé des Thermopyles.

On ne peut voir sans étonnement combien était petit le nombre des troupes que la Grèce opposa à l'armée innombrable de Xerxès. On en trouve le dénombrement dans Pausanias. Toutes ces troupes, jointes ensemble, ne faisaient que onze mille deux cents hommes. On n'en plaça que quatre mille aux Thermopyles pour en défendre le passage. Mais tous ces soldats, ajoute l'historien, étaient déterminés à vaincre ou à mourir. Que ne peut point une telle armée !

Lorsque Xerxès fut arrivé près des Thermopyles, il fut étrangement surpris d'apprendre qu'on se préparait à lui disputer le passage. Il s'était toujours flatté qu'au premier bruit de son arrivée les Grecs prendraient la fuite, et il n'avait pu se mettre dans l'esprit ce que Démarate, dès le commencement de la guerre, lui avait dit, qu'une poignée d'hommes arrêterait tout court son armée au premier passage. Il envoya un espion pour reconnaître les ennemis. Cet espion rapporta qu'il avait trouvé les Lacédémoniens hors des retranchemens, qui se divertissaient aux exercices militaires, et qui peignaient leur chevelure : c'était leur manière de se préparer au combat.

Le roi ne perdant pas encore toute espérance, attendit quatre jours pour leur
donner le temps de se retirer. Il essaya,
pendant cet intervalle, de gagner Léonide
par de magnifiques promesses, en le faisant
assurer qu'il le rendrait maître de toute la
Grèce, s'il voulait embrasser son parti :
une telle proposition fut rejetée avec hauteur et indignation. Puis Xerxés lui ayant
écrit qu'il eût à livrer ses armes, Léonide
lui répondit en deux mots, d'un style et
d'une fierté véritablement laconiques :
Viens les prendre. Il ne fut plus question
que de se préparer au combat contre les
Lacédémoniens. Le roi fit marcher d'abord
contre eux les Mèdes, avec ordre de les
saisir tous vivans, et de les lui amener. Les
Mèdes ne purent soutenir l'effort des Grecs,
et ayant été honteusement mis en fuite, ils
montrèrent, dit Hérodote, que Xerxès avait
beaucoup d'hommes, mais peu de soldats.
Ils furent relevés par les Perses surnommés
les immortels, qui formaient un corps de
dix mille hommes : c'étaient les meilleures
troupes de l'armée. Elles n'eurent pas un
meilleur succès que les premières.

Xerxès, désespérant de pouvoir forcer

des troupes si déterminées à vaincre ou à mourir, était dans un grand embarras, et ne savait quel parti prendre, lorsqu'un habitant du pays vint lui découvrir un sentier détourné *, vers une éminence qui était au-dessus des ennemis, et qui les commandait. On y envoya un détachement, qui, ayant marché toute la nuit, y arriva à la pointe du jour, et s'en empara.

Les Grecs en furent bientôt avertis. Léonide, voyant qu'il était impossible de résister aux ennemis, obligea le reste des alliés de se retirer, et demeura avec ses trois cents Lacédémoniens, résolus de mourir tous, à l'exemple de leur chef, qui, ayant appris de l'oracle qu'il fallait que Lacédémone ou son roi pérît, n'hésita pas à se sacrifier pour sa patrie. Ils étaient donc sans espérance de vaincre ni de se sauver, et ils regardaient les Thermopyles comme leur tombeau. Le roi les ayant exhortés à prendre de la nourriture, en ajoutant qu'ils souperaient ensemble chez

* Quand les Gaulois, deux cents ans après, vinrent attaquer la Grèce, ils s'emparèrent du défilé des Thermopyles par le même sentier que les Grecs avaient encore négligé de garder. (PAUSAN. lib. I, pag. 7 et 8.)

Pluton, ils jetèrent tous des cris de joie, comme si on les eût invités à un festin. Il les mena ensuite au combat pleins d'ardeur. Le choc fut très rude et très sanglant. Léonide tomba mort des premiers. Les Lacédémoniens firent des efforts incroyables de courage pour défendre son corps mort. Enfin accablés par le nombre plutôt que vaincus, ils périrent tous, excepté un seul, qui se sauva à Lacédémone, où il fut traité comme un lâche et un traître à sa patrie, sans que personne voulût avoir commerce avec lui, ni lui parler. Mais peu de temps après il répara avantageusement sa faute dans la bataille de Platée, où il se distingua d'une manière particulière. Xerxès, outré de dépit contre Léonide, qui avait osé lui tenir tête, fit attacher son cadavre à une potence, et se couvrit lui-même de honte en voulant déshonorer son ennemi.

On éleva dans la suite, par ordre des Amphictyons, un superbe monument, tout près des Thermopyles, à ces braves défenseurs de la Grèce, avec deux inscriptions, dont l'une regardait en général tous ceux qui étaient morts aux Thermopyles, et por-

tait que les Grecs du Péloponèse, au nombre seulement de quatre mille, avaient
tenu tête à l'armée des Perses, composée
de trois millions d'hommes. L'autre inscription était particulière aux Spartiates. La simplicité en est remarquable :
celle était du poète Simonide : *Passan , va
annoncer à Lacédémone que nous sommes
morts ici pour obéir à ses lois.* Quarante
ans après, Pausanias, qui remporta la victoire de Platée, fit transporter des Thermopyles à Sparte les ossemens de Léonide,
et lui érigea un magnifique tombeau. Le
sien fut placé aussi tout près. On y pro-
nonçait tous les ans une oraison funèbre
en leur honneur, et l'on y célébrait des
jeux auxquels les Lacédémoniens seuls
avaient droit d'assister, pour marquer
qu'eux seuls avaient eu part à la gloire
remportée aux Thermopyles.

Xerxès y avait perdu plus de vingt mille
hommes, du nombre desquels se trouvèrent deux frères du roi. Il sentit bien
qu'une si grande perte, qui était une
preuve sensible du courage des ennemis,
était capable de jeter l'alarme et le dé-
couragement dans ses troupes. Pour leur

en dérober la connaissance, il fit enterrer dans de grandes fosses, que l'on couvrit après de terre et d'herbes, tous ceux de son parti qui avaient été tués dans le combat, excepté mille, dont il laissa les corps dans la campagne. Cette ruse lui réussit mal ; et lorsque dans la suite ceux de la flotte, curieux de voir le champ de bataille, eurent obtenu la permission d'y venir, elle ne servit qu'à découvrir la petitesse de son esprit, et non à cacher le nombre des morts.

Effrayé d'une victoire qui lui avait coûté si cher, il demanda à Démarate si les Lacédémoniens avaient encore beaucoup de pareils soldats. Celui-ci lui répondit que la république de Lacédémone avait un assez grand nombre de villes dont tous les habitans étaient fort braves ; mais que ceux de Lacédémone, qu'on appelait proprement Spartiates, et qui montaient à peu près à huit mille, surpassaient tous les autres en bravoure, et étaient tels que ceux qui avaient combattu avec Léonide.

Je reviens encore un moment au combat des Thermopyles, dont l'issue, funeste en apparence, pourrait laisser dans le

esprits une idée peu favorable aux Lacédémoniens, et faire regarder leur courage
comme l'effet d'une témérité présomp-
tueuse et d'une hardiesse désespérée.

L'action de Léonide avec ses trois cents
Spartiates n'était pas un coup de désespoir, mais une conduite sage et généreuse,
comme Diodore de Sicile a soin de le faire
remarquer, en relevant par un éloge magnifique la gloire de cette fameuse journée,
et lui attribuant le succès de toutes les
campagnes suivantes. Sachant que Xerxès
marchait à la tête de toutes les forces de
l'Orient pour accabler un petit pays par le
nombre, il comprit, par une supériorité
de lumière, que, si l'on faisait consister
le succès de cette guerre à opposer la
force à la force et le nombre au nombre,
jamais tous les Grecs rassemblés ne pourraient égaler les Perses ni leur disputer la
victoire : qu'il était donc nécessaire d'ou-
vrir à la Grèce alarmée une autre voie de
salut : qu'il faillait montrer à tout l'univers attentif ce que peut la grandeur d'ame
contre la force de corps ; le véritable courage contre une impétuosité aveugle, l'a-
mour de la liberté contre une oppression

16.

tyrannique, une troupe aguerrie et disci-
plinée contre une multitude confuse. Ces
braves Lacédémoniens crurent qu'il convenait à l'élite du premier peuple de la
Grèce de se dévouer à une mort certaine
pour faire sentir aux Perses ce qu'il en
coûte pour réduire des hommes libres en
servitude, et pour apprendre aux Grecs à
vaincre ou à périr comme eux.

Ce ne sont point ici des sentimens que
je tire de mon propre fonds, et que je
prête à Léonide ; ils sont renfermés dans
la courte réponse que fit ce digne roi de
Sparte à un Lacédémonien, lequel, effrayé
de la généreuse résolution où il le voyait,
lui dit : « Quoi donc, seigneur, est-ce que
« vous songez à marcher avec une pe-
« tite poignée de gens contre une armée
« innombrable ? S'il s'agit du nombre,
« répliqua Léonide, la Grèce entière n'y
« suffirait pas, puisqu'elle n'égale qu'une
« petite partie de l'armée persane ; mais,
« s'il s'agit du courage, ma petite troupe
« est plus que suffisante. »

La suite fit voir combien il pensait juste.
Cet exemple de courage étonna les Perses
et ranima les Grecs. La mort de ces braves

soldats et de leur chef fut utilement em-
ployée, et produisit un double effet, plus
grand et plus durable qu'ils ne l'avaient
espéré. D'un côté, elle fut comme le premier germe des victoires suivantes, qui
firent perdre aux Perses pour toujours la
pensée de venir attaquer la Grèce ; et,
pendant les sept ou huit règnes suivans,
il ne se trouva aucun prince qui osât en
former le dessein, ni aucun flatteur qui
osât en donner le conseil. D'un autre côté,
cette hardiesse intrépide laissa une persuasion profondément gravée dans le cœur de
tous les Grecs, qu'ils pouvaient vaincre
les Perses, et détruire leur vaste monar-
chie. Cimon en fit d'abord avec succès le
premier essai ; Agésilas poussa plus loin
ce projet, et le porta jusqu'à faire trembler dans Suse le grand-roi ; et Alexandre
enfin l'exécuta avec une facilité incroyable :
il ne douta jamais, non plus que les Ma-
cédoniens qui le suivaient, ni que toute
la Grèce, qui l'avait nommé son chef pour
cette expédition, qu'il ne pût avec trente
mille hommes renverser l'empire des Perses, après que trois cents Spartiates
avaient suffi pour en arrêter toutes les
forces réunies.

§ VI. Le jour même de l'action des Thermopyles, il se donna aussi un grand combat sur mer. La flotte des Grecs, sans compter les petites galères et les barques, était composée de deux cent soixante-onze vaisseaux. Elle s'était arrêtée à Artémise, promontoire de l'Eubée, sur la côte septentrionale, vers le détroit. Celle des ennemis, beaucoup plus nombreuse, était tout près de là ; mais elle venait d'essuyer une rude tempête, qui avait fait périr plus de quatre cents vaisseaux. Cependant comme elle était encore infiniment supérieure à celle des Grecs qu'ils se préparaient à attaquer, ils détachèrent deux cents vaisseaux, avec ordre de se tenir vers l'Eubée, afin qu'aucun des vaisseaux ennemis ne pût leur échapper. Les Grecs, en ayant eu avis, mirent à la voile de nuit, pour attaquer ce détachement à la pointe du jour. Ne l'ayant point rencontré, ils allèrent, vers le soir, attaquer le gros de la flotte ennemie : elle fut fort maltraitée. La nuit étant survenue, il fallut se séparer, et chacun se retira à son poste. Mais cette nuit même fut encore plus rude pour les Perses que le combat qui l'avait précédée, à cause d'une violente tempête, accompagnée de pluies et de tonnerres, qui les tint dans le mouvement et l'agitation jusqu'à la pointe du jour; et les deux cents vaisseaux qui avaient été détachés se brisèrent presque tous sur les côtes de l'Eubée; les dieux, dit Hérodote, voulant que les deux flottes devinssent à peu près égales.

Un renfort de cinquante-trois vaisseaux était survenu ce jour-là même aux Athéniens, et les Grecs ayant eu avis du débris d'une partie de la flotte ennemie, attaquèrent encore, à la même heure que la veille, les vaisseaux des Ciliciens, et en coulèrent à fond un grand nombre. Les Perses, honteux de se voir ainsi insulter par un ennemi beaucoup inférieur en nombre, se mirent le lendemain les premiers en mer. Le combat fut fort opiniâtre, et le succès à peu près égal des deux côtés, si ce n'est que les Perses, se trouvant embarrassés par la grandeur et le nombre de leurs vaisseaux firent une bien plus grande perte. On se retira en bon ordre de part et d'autre.

Toutes ces actions, qui se passèrent auprès d'Artémise, ne furent pas absolument décisives; mais elles servirent beaucoup à animer les Athéniens, en les convainquant, par leur propre expérience, que ni le grand nombre et les magnifiques décorations des vaisseaux, ni les cris insolens et les chants de victoire des barbares, n'ont rien de formidable pour des hommes qui savent en venir aux mains, et qui ont le courage de combattre de pied ferme; et, en leur faisant voir qu'il ne faut que mépriser toute cette vaine montre, aller droit à l'ennemi, et l'attaquer vivement sans jamais lâcher prise.

Les Grecs, ayant pour lors appris ce qui s'était passé aux Thermopyles, ne délibérèrent plus sur le parti qu'ils avaient à prendre. Ils partirent d'Artémise, et, s'avançant vers l'intérieur de la Grèce, ils s'arrêtèrent à Salamine, petite île tout près et vis-à-vis de l'Attique. Dans cette retraite, Thémistocle, passant par les lieux où il fallait nécessairement que les ennemis abordassent pour s'y rafraîchir et pour y faire de l'eau, grava en grosses lettres sur des pierres et des rochers ces mots, qu'il adressait aux Ioniens : Peuples d'Ionie, rangez-vous de notre côté; reprenez le parti de vos pères, qui n'exposent leur vie que pour le maintien de votre liberté : ou, si cela vous est impossible, au moins faites aux Perses, dans la mêlée, le plus de mal que vous pourrez, et jetez le désordre dans leur armée. Par là il espérait ou attirer les Ioniens, ou les rendre suspects aux barbares. On voit que Thémistocle, toujours attentif à son but, ne négligeait rien de ce qui pouvait contribuer au succès de ses entreprises.

§ VII. Cependant Xerxès était entré dans la Phocide par le haut de la Doride, brûlant et s'accageant les villes des Phocéens. Les peuples du Péloponèse, ne songeant qu'à sauver leur pays, avaient résolu d'abandonner tout le reste, et d'assembler toutes les forces de la Grèce au-dessus de l'isthme, qu'on prétendait fermer d'une grosse muraille depuis une mer jusqu'à l'autre : cet espace était de deux lieues. Les Athéniens, irrités d'une si lâche désertion, se voyaient tout près de tomber entre les mains des Perses, et de porter tout le poids de leur colère et de leur vengeance. Ils avaient consulté, quelque temps auparavant, l'oracle de Delphes, qui leur avait répondu que la ville ne trouverait son salut que dans des murs de bois. Cette expression ambiguë partagea les esprits. Quelques-uns l'interprétaient de la citadelle, parce qu'autrefois elle avait été environnée de palissades de bois. Thémistocle lui donnait un autre sens bien plus naturel, l'entendant des vaisseaux, et montrait que le seul parti qu'ils eussent à prendre était d'abandonner leur ville et de s'embarquer ; mais c'est à quoi le peuple ne voulait nullement entendre, comme ne se souciant plus de vaincre, et ne voyant aucun moyen de se sauver après avoir abandonné les temples de leurs dieux et les tombeaux de leurs ancêtres. Thémistocle eut ici besoin de toute son adresse et de toute son éloquence pour ébranler le peuple. Après leur avoir représenté qu'Athènes ne consistait ni dans les murs, ni dans les maisons, mais dans les citoyens, et que conserver ceux-ci c'était sauver la ville, il chercha à les toucher par le motif qui était le plus capable de faire impression sur eux dans l'état de malheur, d'affliction et de danger où ils se trouvaient, je veux dire

par le motif de l'autorité divine, leur faisant entendre par les paroles mêmes de
l'oracle, et par les prodiges qui étaient
arrivés, que la volonté des dieux était
qu'ils s'éloignassent d'Athènes pour un
temps.

On fit donc un décret, par lequel, pour
adoucir ce qu'il y avait de dur dans la résolution d'abandonner la ville, il était
ordonné « qu'on mettrait Athènes en dépôt
entre les mains et sous la sauvegarde
de Minerve, patrone des Athéniens ; que
tous ceux qui étaient en état de porter
les armes monteraient sur les vaisseaux ;
et que chacun pourvoirait comme il
pourrait au salut et à la sûreté de sa
femme, de ses enfans et de ses esclaves. »

Une démarche singulière de Cimon,
encore jeune pour lors, fut d'un grand
poids dans cette occasion. On le vit, suivi
de ses camarades, et avec un visage gai,
monter le long de la rue du Céramique à
la citadelle, pour y consacrer dans le temple de Minerve un mors de bride qu'il
portait à la main, voulant faire entendre
par cette cérémonie religieuse, mais frap-

pante, qu'il n'était plus question de troupes de terre; et qu'il fallait se tourner du côté de la mer. Après avoir fait l'offrande de ce mors, il prit un des boucliers qui étaient appendus aux parois du temple, fit ses prières à la déesse, descendit sur le rivage, et fut le premier qui, par son exemple, inspira la confiance à la plupart des autres, et leur donna le courage de s'embarquer.

La plupart firent passer leurs pères et leurs mères, qui étaient âgés, avec leurs femmes et leurs enfans, dans la ville de Trézène *, dont les habitans les reçurent avec beaucoup de générosité et d'humanité; car ils firent ordonner qu'ils seraient nourris aux dépens du public, et leur assignèrent à chacun deux oboles par jour **, qui valaient à peu près trois sous et demi de notre monnaie; ils permirent outre cela aux enfans de prendre des fruits partout, et établirent encore un fonds pour le paiement des maîtres qui les instruiraient. Il est beau de voir une ville, exposée comme

* C'est une petite ville située sur le bord de la mer, dans la partie du Péloponèse appelée l'*Argolide*.

** Environ 3o centimes.

celle-ci aux plus grands maux, étendre
son attention et sa libéralité, au milieu de
elles alarmes, jusqu'à l'éducation des enfans d'autrui.

Quand toute la ville vint à s'embarquer,
ce spectacle, le plus triste et le plus touchant qui fut jamais, tirait les larmes des
yeux de tous les assistans, et excitait en
même temps des sentimens d'amiration
pour la fermeté et le courage de ces hommes qui envoyaient ailleurs leurs pères et
leurs mères, et qui, sans être ébranlés par
leurs gémissemens, ni par les tendres em-
brassemens de leurs enfans et de leurs
femmes, passaient avec tant de résolution
à Salamine. Mais ce qui augmentait infiniment la compassion, c'était un grand
nombre de vieillards qu'on était forcé de
laisser dans la ville à cause de leur âge et
de leur faiblesse, et dont plusieurs même
voulurent y rester par un motif de religion, entendant de la citadelle ce que l'o-
racle avait dit des murailles de bois. Il n'y
eut pas (car l'histoire a jugé cette circons-
tance digne d'être rapportée), il n'y eut pas
jusqu'aux animaux domestiques qui ne
prissent part à ce deuil public, et l'on ne

pouvait s'empêcher d'être touché et attendri en les voyant courir avec des hurlemens après leurs maîtres qui s'embarquaient. Entre tous les autres on remarqua le chien de Xantippe, père de Périclès, qui, ne pouvant supporter de se voir abandonné de son maître, se jeta à la mer, nagea toujours près de son vaisseau, jusqu'à ce qu'il aborda presque sans force à Salamine, et mourut incontinent sur le rivage. On montrait encore dans le même lieu, du temps de Plutarque l'endroit où l'on prétend qu'il fut enterré, et que l'on appelait la sépulture du chien.

Pendant que Xerxès continuait sa marche, quelques transfuges d'Arcadie vinrent se rendre dans son armée. Leur ayant demandé ce que faisaient alors les Grecs, il fut bien surpris d'apprendre qu'ils étaient occupés à regarder les jeux et les combats qui se célébraient à Olympie; et il le fut encore plus quand on lui eut dit que la récompense du vainqueur n'était autre qu'une couronne d'olivier : quels hommes, s'écria par admiration l'un des seigneurs persans, qui ne sont sensibles qu'à l'honneur, et point à l'argent !

Xerxès avait fait un détachement assez considérable pour aller piller le temple de Delphes, où il savait qu'il y avait des richesses immenses, n'ayant pas intention de traiter Apollon plus favorablement que les autres dieux, dont il avait saccagé les temples. Si l'on en croit Hérodote et Diodore de Sicile, à peine ce détachement s'était-il avancé jusqu'au temple de Minerve, surnommée la Prévoyante, que l'air s'obscurcit tout à coup, et qu'il s'éleva une furieuse tempête, accompagnée de vents impétueux, de tonnerres, d'éclairs et de foudres, et que deux gros rochers s'étant détachés de la montagne écrasèrent la plupart de ces troupes.

Le reste de l'armée marcha vers la ville d'Athènes, que ses habitans avaient abandonnée, excepté un petit nombre de citoyens qui s'étaient retirés dans la citadelle, où ils se défendirent jusqu'à la mort, avec un courage incroyable, sans vouloir entendre à aucun accommodement. Xerxès ayant forcé la citadelle, y mit le feu et la brûla. Il dépêcha aussitôt un courrier à Suse pour porter cette agréable nouvelle à Artabane, son oncle; et il lui envoya en même temps un grand nombre de tableaux et de statues. Celle d'Armodius, et d'Aristogiton, libérateurs d'Athènes, en faisaient partie. Un Antiochus, roi de Syrie (je ne sais pas lequel, ni en quel temps), les renvoya aux Athéniens, ne croyant pas leur pouvoir faire un présent plus agréable.

§ VIII. Alors la division se mit dans la flotte des Grecs; et les alliés, dans un conseil de guerre qui se tint, se trouvèrent fort partagés pour déterminer l'endroit où se devait donner le combat. Les uns, c'était le plus grand nombre, qui avaient pour eux Eurybiade, généralissime de la flotte, voulaient qu'on s'approchât de l'isthme de Corinthe, pour être plus prêt de l'armée de terre qui gardait cette entrée sous la conduite de Cléombrote, frère de Léonide, et plus à portée de défendre le Péloponèse. D'autres, et ils avaient Thémistocle à leur tête, prétendaient que c'était trahir la patrie que d'abandonner un poste aussi avantageux que celui de Salamine : et comme celui-ci soutenait son sentiment avec beaucoup de chaleur, Eurybiade leva la canne sur lui. L'Athénien, sans s'émouvoir : frappe, dit-il, mais écoute; et, contitinuant de parler, il montra de quelle importance il était pour la flotte des Grecs, dont les vaisseaux étaient plus légers et beaucoup moins nombreux que ceux des Perses, de donner la bataille dans un détroit comme celui de Salamine, qui mettrait l'ennemi hors d'état de faire usage d'une grande partie de ses forces. Eurybiade, qui n'avait pu voir sans surprise la modération de Thémistocle, se rendit à ses raisons, et sans doute encore plus à la crainte qu'il eut que les Athéniens, dont les vaisseaux faisaient plus de la moitié de la flotte, ne se séparassent des alliés, comme leur général l'avait laissé entrevoir.

Du côté des Perses, on avait tenu aussi un conseil de guerre pour savoir s'il fallait hasarder un combat naval : Xerxès était venu à la flotte pour prendre avis de ses capitaines. Tous furent pour donner la bataille, parce qu'ils savaient que le roi penchait de ce côté-là. Il n'y eut que la reine Artémise qui s'opposa à ce dessein. Elle représenta qu'il était dangereux d'en venir aux mains avec des gens beaucoup plus expérimentés et plus habiles dans la marine que les Perses; que la perte d'une bataille sur mer serait suivie de la ruine de l'armée de terre; qu'en traînant la guerre en longueur, et s'approchant du Péloponèse, ils feraient naître, ou plutôt augmenteraient parmi les ennemis la division qui y était déja fort grande; que les alliés ne manqueraient pas de se séparer pour aller défendre chacun son propre pays; et qu'alors le roi se rendrait maître sans peine, et presque sans coup férir, de toute la Grèce. Cet avis si sage ne fut point suivi, et l'on résolut de donner la bataille.

Comme Xerxès attribuait à son absence le mauvais succès des premiers combats qu'on avait donnés sur mer, il voulut être témoin de celui-ci du haut d'une éminence où il fit placer son trône. Ce pouvait être un moyen d'animer les troupes; mais il en est un autre plus sûr et plus efficace, je veux dire la présence même et l'exemple du prince qui prend part au péril, et qui par là se montre digne d'être l'ame et le chef de tant de gens de cœur prêts à mourir pour lui. Quand un prince n'a pas cette sorte de fermeté qui ne s'étonne de rien, et que le péril même réveille, il peut avoir d'ailleurs de bonnes qualités, mais il n'est pas propre à commander une armée. Dans un général, rien ne peut suppléer le courage; et plus il tâche d'en montrer l'apparence quand il n'en a pas la réalité, plus il découvre sa peur. Il y a à la vérité une extrême différence entre un général et un simple soldat. Xerxès ne devait s'exposer que comme il convient à un prince; comme la tête, et non comme la main; comme celui qui doit donner des ordres, et non comme ceux qui doivent les exécuter. Mais se tenir entièrement écarté du danger, et se réduire à la simple fonction de spectateur, c'est renoncer à la qualité de général.

Thémistocle, sachant que dans la flotte grecque on songeait encore à aller vers l'isthme, fit donner avis sous main à Xerxès que, les alliés Grecs étant réunis dans le même lieu, il lui serait facile de les vaincre et de les accabler tous ensemble; au lieu que s'ils se séparaient, comme ils étaient près de le faire, il manquerait pour toujours une occasion si favorable. Le roi le crut, et, par son ordre, un grand nombre de vaisseaux environnèrent de nuit Salamine, pour ôter aux Grecs tout moyen de sortir de ce poste.

Personne ne s'aperçut que l'armée fût ainsi enveloppée. Aristide vint la nuit même d'Égine, où il commandait quelques troupes, et traversa avec un très grand danger toute la flotte des ennemis. Quand il fut arrivé à la tente de Thémistocle, il le tira à part, et lui parla ainsi : « Thémistocle, si nous sommes sages, nous « renoncerons désormais à cette vaine et « puérile dissension qui nous a divisés « jusqu'ici ; et, par une plus noble et plus « salutaire émulation, nous combattrons « à l'envi à qui servira mieux la patrie : « vous, en commandant et en faisant le « devoir d'un bon et sage capitaine ; et « moi, en vous obéissant et en vous aidant « de ma personne et de mes conseils. » Il lui donna ensuite avis que l'armée était enveloppée par les vaisseaux des Perses, et l'exhorta fort à ne point différer de donner le combat. Thémistocle, étonné jusqu'à l'excès d'une telle grandeur d'ame et d'une si noble franchise, eut quelque honte de s'être laissé vaincre par son rival, et, ne rougissant point d'en faire l'aveu, promit bien d'imiter sa générosité, et même, s'il le pouvait, de la surpasser par tout le reste de sa conduite. Puis, après lui avoir fait confidence de la ruse qu'il avait imaginée pour tromper le barbare, il le pria d'aller trouver Eurybiade, pour lui représenter qu'il n'y avait d'autre salut pour eux que de combattre par mer à Salamine : ce qu'il fit avec joie et avec succès, car il avait beaucoup de crédit sur l'esprit de ce général.

On se prépara donc de part et d'autre au combat. La flotte des Grecs était composée de trois cent quatre-vingts voiles. Elle suivait en tout l'impression et les ordres de Thémistocle. Comme rien n'échappait à sa prévoyance, et qu'en habile capitaine il savait profiter de tout, il attendit, pour engager l'action, qu'un vent qui se levait tous les jours régulièrement à une certaine heure, et qui était tout-à-fait contraire aux ennemis, commençât à souffler. Alors on donna le signal. Les Perses, qui savaient que le roi avait les yeux attentifs sur eux, s'avancèrent avec une impétuosité et un courage capables de répandre par tout la terreur ; mais ce premier feu se ralentit bientôt quand on fut dans la mêlée. Tout leur était contraire :

le vent, qui leur donnait directement dans le visage ; la hauteur et la pesanteur de leurs vaisseaux qui se remuaient difficilement ; le grand nombre de ces vaisseaux, qui, loin de leur être utile, ne servait qu'à les embarrasser dans un lieu étroit et serré : au lieu que, du côté des Grecs, tout se faisait avec ordre et mesure, sans trouble et sans confusion, parce que tout obéissait à un seul ordre. Les Ioniens, que Thémistocle avait avertis par des caractères gravés sur des pierres le long des côtes de l'Eubée de se souvenir d'où ils tiraient leur origine, furent les premiers qui prirent la fuite, et ils furent bientôt suivis du reste de la flotte. Artémise se signala par des efforts incroyables de hardiesse ; en sorte que Xerxès, la voyant ainsi combattre, s'écria que, dans cette bataille, les hommes avaient paru des femmes, et que les femmes avaient montré un courage d'hommes. Les Athéniens, indignés de ce qu'une femme avait osé venir porter les armes contre eux, avaient promis dix mille dragmes de récompense à quiconque la pourrait prendre en vie ; mais elle échappa à leur poursuite. S'ils l'eussent prise, elle

n'aurait mérité que d'être comblée de
louanges et d'honneurs.

La manière dont cette reine se sauva *
ne doit pas être omise. Se voyant vivement poursuivie par un vaisseau athénien, auquel il ne paraissait pas qu'elle
pût échapper, elle arbora le pavillon grec,
et attaqua un vaisseau des Perses monté
par Damasithymus, roi de Calynde, avec
qui elle avait eu une querelle, et le coula
à fond : ce qui fit croire à ceux qui la
poursuivaient que son vaisseau était du
parti des Grecs, et ils ne songèrent plus à
l'attaquer.

Tel fut le succès de la bataille de Sala-

* Il paraît qu'Artémise ne se piquait pas moins
de ruse que de courage, et en même temps qu'elle
n'avait pas beaucoup de délicatesse sur le choix des
ruses qu'elle employait. On dit que, voulant se
rendre maîtresse de Latmus, petite ville de Carie
qui était à sa bienséance, elle mit ses troupes en
embuscade, et que, sous prétexte de célébrer la
fête de la mère des dieux dans le bois qui lui était
consacré auprès de la ville, elle s'y rendit avec un
grand équipage d'eunuques, de femmes, de trom-
pettes et de tambours. Les habitans accoururent
pour voir cette cérémonie religieuse ; et pendant
ce temps les troupes d'Artémise s'emparèrent de
Latmus. (POLYÆN. *strateg.*, lib. 8, cap. 53.)

mine, l'une des plus mémorables dont il soit parlé dans l'histoire ancienne, et qui a rendu à jamais célèbres le nom et le courage des Grecs. Il y eut beaucoup de navires des Perses de pris, un plus grand nombre encore qui furent coulés à fond. Plusieurs de leurs alliés, qui ne craignaient pas moins la cruauté du roi que l'ennemi, se retirèrent dans leur pays.

Thémistocle, dans un entretien secret qu'il eut avec Aristide, mit en délibération, pour le sonder et pour connaître ses véritables sentimens, s'il ne serait pas utile d'envoyer des vaisseaux pour rompre le pont que Xerxès avait fait bâtir, afin, disait-il, de prendre l'Asie dans l'Europe : il pensait tout le contraire. Aristide lui fit de vives remontrances sur un tel projet, et lui exposa combien il était dangereux de réduire au désespoir un ennemi si puissant, dont on ne pouvait être trop tôt délivré. Thémistocle parut céder à ses raisons, et, pour hâter le départ du roi, il le fit avertir secrètement que les Grecs songeaient à faire rompre le pont. Il paraît que le but de Thémistocle, dans cette fausse confidence, était de s'autoriser du senti-

ment d'Aristide, qui était d'un grand poids,
outre celui des autres généraux, s'ils songeaient à aller rompre le pont. Peut-être
aussi cherchait-il à se mettre à couvert de
la mauvaise volonté de ses ennemis, qui
pourraient un jour l'accuser de trahison
devant le peuple, s'ils venaient jamais à
savoir qu'il eût fait donner cet avis secret
à Xerxès.

Ce prince, effrayé d'une telle nouvelle,
ne perdit point de temps, et partit de nuit,
ayant laissé Mardonius avec une armée de
trois cent mille hommes, pour réduire la
Grèce, s'il le pouvait. Les Grecs, qui s'attendaient que Xerxès donnerait le lendemain un nouveau combat, ayant appris sa
fuite, le poursuivirent, mais inutilement.
Ils avaient détruit deux cents vaisseaux
ennemis, sans compter ceux qu'ils prirent.
Le reste de la flotte persane, après avoir
été fort maltraitée en chemin par les vents,
se retira vers la côte d'Asie, où elle entra
dans le port de Cume, ville d'Éolie, et y
passa l'hiver, sans oser depuis revenir en
Grèce.

Xerxès emmena avec lui le reste de son
armée, et prit le chemin de l'Hellespont.

Comme il n'y avait point de vivres préparés, elle souffrit infiniment pendant toute
la marche, qui fut de quarante-cinq jours.
Après avoir consumé tous les fruits qui se
rencontrèrent, les soldats furent obligés de
se nourrir d'herbes, et même de feuilles
et d'écorces d'arbres. La maladie se mit
dans l'armée. La dyssenterie et la peste en
firent périr une grande partie.

Le roi, impatient de se sauver, avait
pris les devans avec peu de monde, afin
d'arriver plus promptement; mais il trouva
le pont rompu par une rude tempête qui
s'était élevée, et fut obligé de passer le
trajet dans une barque de pêcheur. C'é-
tait un spectacle bien propre à faire connaître l'instabilité des choses humaines,
que de voir dans une petite barque, presque sans suite et sans équipage, un prince
aux armées et aux vaisseaux duquel, peu
de temps auparavant, à peine la terre et
la mer avaient pu suffire. Tel fut le succès de l'expédition de Xerxès contre la
Grèce.

En rapprochant Xerxès de lui-même en
deux différens temps, on a peine à le reconnaître. Quand il s'gissait de délibérer,

en de plus courageux ni de plus intré-
ide que ce prince : il est surpris et même
ndigné qu'on n'envisage dans l'avenir au-
une difficulté, et qu'on ne témoigne aucune
larme. Mais lorsque l'heure de l'exécu-
ion et du péril est venue, il fuit lâche-
ment, et ne songe qu'à mettre sa vie en
sûreté. On voit ici sensiblement la diffé-
ence qu'il y a entre le véritable courage,
qui n'est jamais sans prudence, et la témérité, qui est toujours aveugle et pré-
somptueuse. Un Prince habile et sage pèse
tout, examine tout avant que de s'engager
dans une guerre qu'il ne craint pas, mais
qu'il ne souhaite pas aussi; et, dans le
temps de l'action, la vue du danger ne
sert qu'à l'animer. La présomption change
cet ordre. Comme elle a mis la bravoure et
la hardiesse où devaient être la sagesse et
la circonspection, elle place l'épouvante et
le désespoir où devraient être le courage
et l'intrépidité.

Le premier soin des Grecs, après la bataille de Salamine, fut d'envoyer à Delphes les prémices du riche butin qu'ils
avaient fait. Cimon, encore tout jeune, se
signala particulièrement dans cette jour-

née, et y fit des actions d'une valeur distinguée, qui lui attirèrent une grande réputation, et le firent regarder dès lors comme un citoyen capable de rendre un jour d'importans services à sa patrie.

Mais Thémistocle eut presque tout l'honneur de cette victoire, la plus signalée que les Grecs aient jamais remportée contre les Perses. La vérité força ceux qui étaient les plus jaloux de sa gloire à lui rendre ce témoignage. C'était une coutume dans la Grèce qu'après un combat les capitaines déclarassent ceux qui s'y étaient le plus distingués, en marquant sur un billet le nom de celui qui avait mérité le premier prix, et le nom de celui qui avait mérité le second. Ici, par un jugement qui marque la bonne opinion qu'il est naturel d'avoir de soi-même, chacun s'adjugea le premier rang, et accorda le second à Thémistocle ; ce qui était le mettre réellement au-dessus de tous les autres.

Les Lacédémoniens, l'ayant mené à Sparte pour lui rendre les honneurs qui lui étaient dus, décernèrent à leur général Eurybiade le prix de la valeur, et à Thémistocle celui de la sagesse, qui fut

une couronne d'olivier pour l'un et pour
l'autre. Ils firent aussi présent à Thémistocle du plus beau char qui fût dans la
ville ; et, à son départ, ils le firent accom-
pagner par trois cents jeunes hommes des
plus considérables de la ville jusqu'aux
frontières du pays, honneur que jusque
là ils n'avaient encore rendu à personne.

Mais ce qui lui causa un plaisir encore
plus sensible, ce furent les acclamations
publiques qu'il reçut aux premiers jeux
olympiques qui se célébrèrent après la bataille de Salamine, où toute la Grèce était
assemblée. Dès qu'il parut, tout le monde
se leva pour lui faire honneur. Personne
n'était attentif aux jeux ni aux combats :
Thémistocle seul faisait le spectacle. Tous
les yeux étaient tournés vers lui, et chacun s'empressait de le montrer de la main
aux étrangers qui ne le connaissaient pas.
Il avoua depuis à ses amis qu'il regardait
ce jour comme le plus beau de sa vie ; que
jamais il n'avait ressenti une joie si douce
ni si vive, et que cette récompense, juste
fruit de ses travaux, passait tous ses desirs.

On a sans doute remarqué dans Thémistocle deux ou trois traits principaux,

qui doivent lui donner rang parmi les plus grands hommes. Le dessein qu'il forma, et qu'il exécuta, de tourner toutes les forces d'Athènes du côté de la mer, marquait en lui un génie supérieur, capable des plus grandes vues, pénétrant dans l'avenir, et saisissant dans les affaires le point décisif. Il comprit qu'Athènes ne possédant qu'un territoire stérile et peu étendu, n'avait que ce seul moyen pour s'enrichir et s'agrandir. On peut regarder ce projet comme la source et la cause de tous les grands évènemens qui rendirent dans la suite la république d'Athènes si florissante.

Mais je mets encore infiniment au-dessus de cette sage prévoyance la rare modération qu'il fit paraître en deux occasions décisives, où c'en était fait de la Grèce s'il eût écouté les conseils d'une ambition mal entendue, et qu'il se fût piqué d'un faux point d'honneur, comme il est si ordinaire aux personnes de sa profession et de son âge. La première est lorsque, malgré l'injustice criante qu'on commettait à l'égard de sa république et de sa propre personne en nommant pour généralissime de la flotte un Lacédémonien, il porta les

Athéniens à se désister de leur prétention, quelque juste qu'elle fût, pour prévenir les funestes effets que la division entre les alliés n'aurait pas manqué d'avoir. Et combien est admirable sa présence d'esprit et son sang froid, lorsque ce même Eurybiade, avec un geste menaçant et des paroles piquantes, leva la canne sur lui! Qu'on se souvienne que Thémistocle n'était pas alors fort âgé ; qu'il était plein d'ardeur pour la gloire ; qu'il commandait une flotte nombreuse ; qu'il avait pour lui la raison. Que feraient nos jeunes officiers dans une pareille conjoncture? Celui-ci souffrit, et la victoire de Salamine fut le fruit de sa patience.

J'aurai lieu dans la suite de parler avec plus d'étendue du mérite d'Aristide. C'était, à proprement parler, l'homme de la république. Pourvu qu'elle fût bien servie, il lui importait peu par qui elle le fût. Le mérite des autres, loin de le blesser, devenait le sien propre par l'approbation qu'il lui donnait. Nous l'avons vu traverser la flotte ennemie, non sans risque de sa vie, pour aller donner un avis salutaire à Thémistocle ; et Plutarque observe que, pendant tout le temps du commandement de ce dernier, Aristide l'aida en toute occasion de ses conseils et de son crédit, quoiqu'il pût le regarder comme son rival, et même comme son ennemi. Qu'on compare cette noblesse et cette grandeur d'ame avec la petitesse d'esprit et la bassesse de cœur de ces hommes pointilleux, délicats, et jaloux sur ce qui regarde le commandement; incompatibles evec leurs collègues; uniquement attentifs à s'attirer la gloire de tout, toujours prêts à sacrifier les intérêts publics à leurs intérêts particuliers, et à les laisser faire des fautes à leurs rivaux pour en tirer avantage.

FIN DU SEPTIÈME VOLUME.

TABLE DES MATIÈRES

CONTENUES

DANS LE TOME SEPTIÈME.

Suite de la seconde guerre de Messénie. pag.   5

LIVRE CINQUIÈME.

Histoire des Perses et des Grecs.   9
Chap. I. Histoire de Darius jointe à celle des Grecs.   10
§ I. Mariage de Darius. Imposition de tributs. Insolence et punition d'Intapherne. Mort d'Orétès. Histoire de Démocède, médecin. Permission donnée aux Juifs de continuer le bâtiment du temple. Générosité de Syloson récompensée.   *Ibid.*
§ II Révolte et réduction de Babylone.   30
§ III. Darius se prépare à marcher contre les Scythes. Digression sur les mœurs de ce peuple.   37
Digression sur les Scythes.   38
§ IV, Expédition de Darius contre les Scythes.   50
§ V. Darius fait la conquête de l'Inde.   69
§ VI. Révolte des Ioniens.   70
§ VII. Expédition des armées de Darius contre la Grèce.   89
1. État d'Athènes. Caractère de Miltiade, de Thémistocle et d'Aristide.   91
2. Darius envoie des hérauts dans la Grèce pour sonder les peuples, et pour demander qu'ils se soumettent.   102

216 **TABLE DES MATIÈRES.**

3. Défaite des Perses à Marathon par Miltiade. Triste fin de ce général.   105

§ VIII. Darius songe à porter la guerre contre l'Égypte et contre la Grèce. Il est prévenu par la mort. Dispute entre deux de ses fils pour la royauté. Xerxès est élu roi.   124

CHAP. II. histoire de Xerxès jointe à celle des Grecs.   133

§ I. Xerxès, après avoir réduit l'Egypte, se prépare à porter la guerre contre les Grecs. Il tient conseil. Sage discours d'Artabane. La guerre est resolue.   *Ibid.*

§ II. Xerxès se met en marche, et passe d'Asie en Europe en traversant le detroit de l'Hellespont sur un pont de bateaux.   147

§ III. Dénombrement de l'armée de Xerxès. Démarate marque librement sa pensée sur l'entreprise de ce prince.   160

§ IV. Les Lacédémoniens et les Athéniens députent inutilement vers les alliés pour demander du secours. Commandement de la flotte accordé aux Lacédémoniens.   167

§ V. Combat des Thermopyles. Mort de Léonide.   176

§ VI. Combat naval près d'Artémisium.   188

§ VII. Les Athéniens abandonnent leur ville; Xerxès la prend et la brûle.   191

§ VIII. Bataille de Salamine. Retour précipité de Xerxès dans l'Asie. Éloge de Thémistocle et d'Aristide. Défaite des Carthaginois en Sicile.   198

FIN DE LA TABLE DU SEPTIÈME VOLUME.

9 782014 444339